Apotheker H.J. Feldhaus
Wolf A. Releiv

Arthrose heilen

Apotheker H.J. Feldhaus
Wolf A. Releiv

Arthrose heilen

Neue Chancen für ein Leben ohne Schmerzen

Gesunde Gelenke durch die Knorpel-Aufbau-Therapie mit NCO-Peptiden

MEDI QUELL VERLAG
BAD PYRMONT
VERLAG FÜR MEDIZIN · ERNÄHRUNG · DIÄTETIK

Die Deutsche Bibliothek - CIP-Einheitsaufnahme

Feldhaus, H.J. / Releiv, Wolf A.
Arthrose heilen:
Gesunde Gelenke durch die Knorpel-Aufbau-Therapie mit NCO-Peptiden /
H.J. Feldhaus · Wolf A. Releiv - Bad Pyrmont: MediQuell-Verlag, 2004
ISBN 3-937830-01-4

Hinweis:
Dieser Gesundheits-Ratgeber ist bewusst in leicht verständlicher Form verfasst worden. Er verzichtet weitgehend auf komplizierte medizinische Begriffe und Formulierungen.

1. Auflage 2004

Umschlaggestaltung: mavidus
Satz: MediQuell-Verlag
Gesetzt aus 12/16 Optima
Druck: Druckerei Sauerland GbR, Unna
Printed in Germany
ISBN 3-937830-01-4

Inhalt

Über dieses Buch

Knochen- und Gelenkerkrankungen sind in den sogenannten »zivilisierten« Ländern nicht nur ein weit verbreitetes Leiden, sondern auch die Hauptgründe für häufige Arztbesuche und Krankenhausaufenthalte.

Eine Arthose ist jedoch keine Alterserscheinung! Wenn dem so wäre, müsste praktisch jeder Mensch ab einem gewissen Alter eine Arthrose bekommen. Das ist jedoch nicht der Fall!

Internationale Studien belegen, dass Gelenkerkrankungen (Arthrosen) immer öfter bereits in den sogenannten »besten Jahren« auftreten, das heißt - schon bei 30- und 40-Jährigen.

Für das Jahrzehnt von 2000 bis 2010 hat sich daher die WHO (Weltgesundheitsorganisation), in Zusammenarbeit mit über 750 wissenschaftlichen Organisationen, als Ziel die effektive Bekämpfung von Knochen- und Gelenkerkrankungen gesetzt.

In Deutschland leiden bereits mehr als 8 Millionen Menschen an Arthrose in den Gelenken. Betroffen davon sind nicht nur die Älteren unter uns, sondern Menschen jeden Alters und aus allen Berufen. Sowohl Männer als auch Frauen.

Soll man sich als Betroffener bzw. Betroffene damit abfinden und die von Jahr zu Jahr stetig stärker auftretenden Schmerzen und Behinderungen einfach geduldig ertragen, oder gibt es Hoffnung und Heilung?

Dieser aktuelle Gesundheitsratgeber von Apotheker H.J. Feldhaus und Wolf A. Releiv gibt die Antwort darauf. Er soll allen Betroffenen neue Hoffnung machen und ihnen die Gewissheit geben, dass Arthrose kein unabwendbares Schicksal ist.

Die Autoren berichten über neueste, teilweise noch unveröffentlichte wissenschaftliche Studien und Forschungsergebnisse, die belegen, dass es natürliche Heilungschancen gibt.

So konnten z.B. durch die NCO-Knorpel-Aufbau-Kur eindrucksvolle, durch klinische Studien abgesicherte, Erfolge erzielt werden.

In diesem Ratgeber informieren Sie die Autoren ausführlich über NCO-Peptide. Sie sagen Ihnen auch, was NCO-Peptide sind und wie sie wirken.

Nehmen Sie sich beim Lesen dieses Buches Zeit. Jeden Tag ein Weilchen - oder lesen Sie dieses hochaktuelle Buch in einem Rutsch durch.

Lesen Sie von vorn nach hinten, oder schlagen Sie die Kapitel auf, die Sie besonders interessieren. Ganz gleich wie Sie lesen, die Kernaussage dieses Buches lautet:
Bei Arthrose gibt es »echte Heilungschancen«!

Dieser Ratgeber ist bewusst in leicht verständlicher Form verfasst worden. Er verzichtet weitgehend auf komplizierte medizinische Begriffe und Formulierungen.

Arthrose - eine Volkskrankheit?

Prof. Dr. med. Cotta, ehemals Universitäts-Klinik Heidelberg, brachte es auf den Punkt:

Der Mensch ist so jung wie seine Gelenke!

Die Natur hat uns wahrscheinlich auf eine Lebenserwartung von 100 bis 120 Jahren »vorprogrammiert«. So lange würden natürlich auch die Gelenke einwandfrei arbeiten, wären sie nicht - wie bei vielen Menschen - durch selbstverschuldete Ursachen viel zu früh chronisch geschädigt.

Vielfach erklärt man Arthrosen, die auch als chronische Gelenkerkrankungen bezeichnet werden, mit altersbedingtem, starken Verschleiß des Gelenkknorpels.

Das ist jedoch falsch; denn mit »Verschleiß« meint man ja, dass etwas nicht Erneuerbares durch regelmäßigen Gebrauch unwiderruflich abgenutzt wird bzw. ist.

Die »Verschleiß«-Erkrankungen des Bewegungsapparates haben aber eigentlich nichts mit einer Abnutzung oder gar mit unserem Alter zu tun, sie hängen vielmehr mit

Ernährungsstörungen des Knorpels zusammen, die ihn in seiner Erneuerungsfähigkeit (Regenerationsfähigkeit) mindern, seine Anfälligkeiten für normale Bewegungen erhöhen und auf diese Weise zu seinem Abrieb und teilweisen Zerstörungen oder gar zu seinem fast gänzlichen Verschwinden führen.

Diese Ernährungsmangelerscheinungen an der Wirbelsäule, an Gelenken, Muskeln und Sehnen, treten immer häufiger schon in jungen Jahren auf, ja schon bei jüngeren Menschen.

Degenerative Erkrankungen (anormale Rückbildung) des Bewegungsapparates, also Arthrosen, sind heute im Gesamtkomplex der rheumatischen Erkrankungen eines der häufigsten Krankheitsbilder in der Praxis des niedergelassenen Arztes (bzw. Orthopäden). Hauptsächlich treten diese Degenerationen an den Knie-, Hüft- und Fingergelenken auf.

Mehr als 8 Millionen Deutsche leiden an Arthrose

Statistiken sagen aus, dass mehr als 8 Millionen Bundesbürger an Arthrosen leiden. Neben Herz- und Kreislauferkrankungen stehen Arthrosen bereits an zweiter Stelle der zu vorzeitiger Arbeitsunfähigkeit führenden

Erkrankungen! Ein großer Prozentsatz der von der Arthrose Betroffenen ist erst zwischen 30 und 40 Jahren alt.

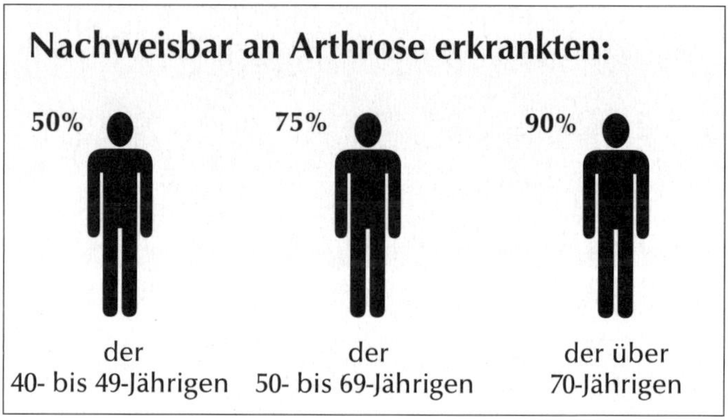

Wie aus der Grafik zu ersehen ist, bestehen bei nahezu 50% aller Menschen über 40 Jahren, bei 75% der über 50-Jährigen und bei 90% aller über 70-Jährigen nachweisbar degenerative Gelenkerkrankungen im Sinne von Arthrosen.

Welche Ausmaße die »fast schon als Volkskrankheit zu bezeichnende« Arthrose bereits angenommen hat, belegen neuere Krankheitsstatistiken.

Durch Arthrose bedingte Krankheitsfälle:

Die Gesamtkosten, die hierdurch entstehen, werden allein in Deutschland auf jährlich 9 Milliarden Euro geschätzt!

Gelenkerkrankungen sind oft die Folge von Übergewicht

In zahlreichen epidermiologischen Untersuchungen konnte zweifelsfrei nachgewiesen werden, dass bei Übergewichtigen Gelenkerkrankungen wesentlich häufiger auftreten als bei gleichaltrigen Normalgewichtigen.

Da in Deutschland inzwischen jeder zweite Erwachsene übergewichtig ist, wird daher die Arthrose-Häufigkeit in den nächsten Jahren noch zunehmen - und somit auch die Arbeitsunfähigkeit und Frühinvalidität.

Welche Gelenke können von Arthrose befallen werden?

Grundsätzlich kann Arthrose an allen Gelenken des Körpers auftreten. Einige Gelenke sind jedoch besonders arthrosegefährdet:

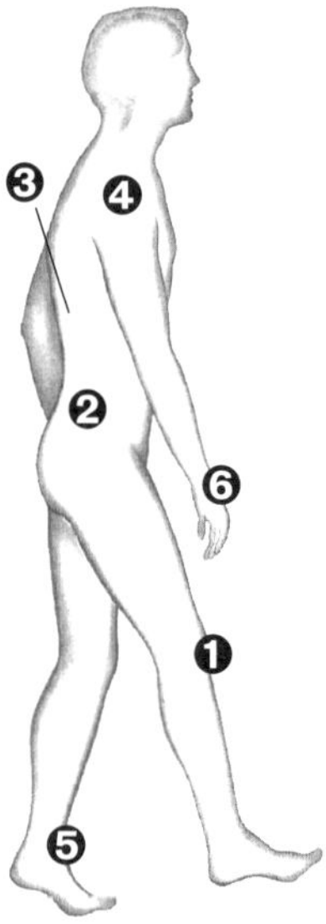

In der Reihenfolge der Häufigkeit wären zu nennen:

1. Das Kniegelenk
2. Das Hüftgelenk
3. Die Wirbelsäule
4. Das Schultergelenk
5. Das Sprunggelenk und das Fußwurzelgelenk (Fußgelenk)
6. Das Handgelenk und die Fingergelenke

Weitere Arthroseformen sind von geringerer Bedeutung und treten recht selten auf.

Wie entsteht eine Arthrose?

Für die Entstehung einer Arthrose gibt es viele Ursachen. Daher spricht man in diesem Zusammenhang auch von einem »multifaktoriellen« Geschehen.

Alle infrage kommenden Ursachen und eventuellen Möglichkeiten aufzuzählen, würde den Rahmen dieses Ratgebers sprengen; man könnte ein spezielles Buch darüber schreiben.

Die Risikofaktoren für die Entstehung einer Arthrose

Daher sollen in diesem Gesundheits-Ratgeber nur die Fakten genannt werden, die maßgeblich an der Entstehung einer Arthrose beteiligt sind.

Im Wesentlichen handelt es sich um folgende Risikofaktoren:

- Fehlstellung und Fehlstatik von Gelenken
- Fehlbelastung, Überbelastung von Gelenken und Übergewicht
- Altersabhängige, degenerative Gelenkveränderungen
- Bewegungsmangel - Nichtbenutzung oder Zuwenigbenutzung der Gelenke
- Genussmittel und Stoffwechselstörungen

Fehlstellung und Fehlstatik von Gelenken

Fehlstellung und Fehlstatik von Gelenken sind entweder angeboren oder treten im Laufe der Jahre aufgrund unterschiedlichster Ursachen auf. Sie verursachen an den Hauptbelastungsstellen Knorpelschäden und fast immer eine nachfolgende Arthrose.

Zu Fehlstellung und Fehlstatik

zählen u.a. ungleich lange Beine, X-Beine, O-Beine, Plattfüße, Senkfüße, Spreizfüße, Hohlfüße und Knickfüße, sowie Fehlbildungen - z.B. angeborene Gelenkunregelmäßigkeiten - die in der Hauptsache beim Hüftgelenk auftreten.

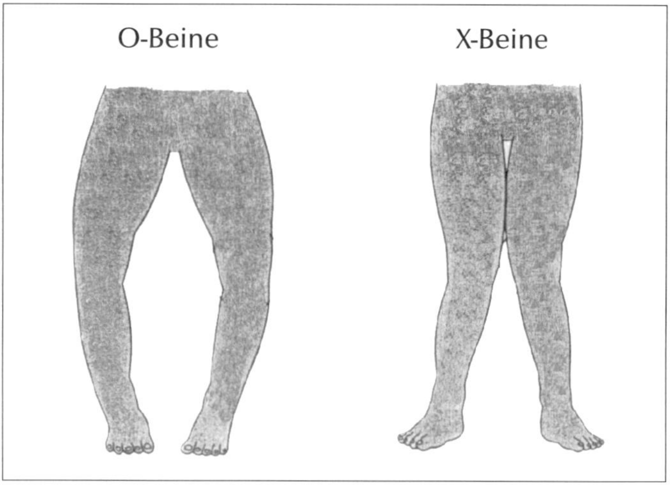

In all diesen Fällen wird die Pufferkapazität der Gelenkknorpelschicht überfordert, so dass auch hier arthrotische Veränderungen unausbleiblich sind.

Bei angeborener Fehlstatik ist zumeist eine Operation unumgänglich, weil schräg aufliegende Gelenke anders nicht korrigiert werden können.

Überbelastung von Gelenken und Fehlbelastung

Eine Überbelastung der Gelenke führt früher oder später zu Knorpelschäden

Ein dauerhaftes Missverhältnis zwischen einer starken Belastung bzw. einer Überbelastung und der tatsächlichen - oder tatsächlich möglichen - Belastbarkeit eines Gelenkes überfordert die Pufferkapazität der Gelenkknorpelschicht und kann so den Knorpel langsam aber stetig zermürben.
Die Folge: Der arthrotische Prozess beginnt.

Eine dauerhafte Überbelastung liegt z.B. vor:

- bei starkem Übergewicht
- bei ständigem Tragen schwerer Lasten
- sowie bei bestimmten Berufsgruppen

Ebenso können Hochleistungssport, Turnen, Leichtathletik, Fußball, Handball sowie eine Reihe weiterer Sportarten zu Gelenküberbelastungen führen.

Auch einseitige Belastungen können eine Arthrose fördern oder auslösen

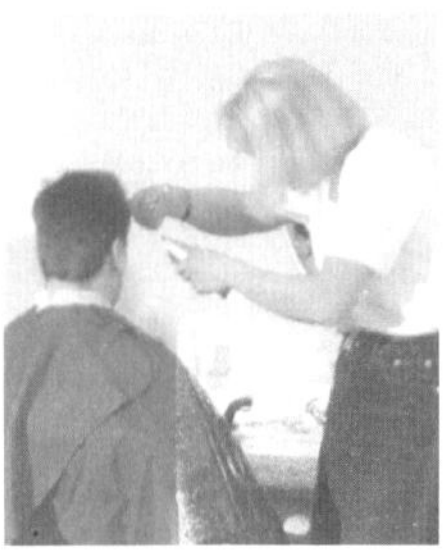

Selbst lange Zeit zurückliegende Unfälle, Verletzungen, Knochenbrüche, Stauchungen oder Prellungen etc., können noch Jahre später zu Knorpelschädigungen oder einer nachfolgenden Arthrose führen.

Aber auch ständige einseitige Belastungen, wie langes Stehen im Geschäft (z.B. Verkäufer/Verkäuferin, Frisör/Frisörin - siehe Abbildung) oder Sitzen im Büro, im Auto oder vor dem Fernsehgerät führen zu Fehlhaltungen, die Knorpelschäden und Arthrosen zur Folge haben können.

Grundsätzlich ist zu sagen, dass Gelenke hauptsächlich dann geschädigt werden können, wenn ein Missverhältnis zwischen Belastung und Belastbarkeit besteht. Hierbei spielen Übergewicht im allgemeinen, als auch Belastbarkeit bei bestimmten Berufen oder Freizeitaktivitäten eine große Rolle.

Degenerative Gelenkveränderungen im Alter

Hierbei handelt es sich in erster Linie um eine »Unterernährung« der Knorpelzellen durch arteriosklerotische Veränderungen (Adernverkalkung), Durchblutungsstörungen und Bewegungsmangel.

Die Unterernährung der Knorpelzellen ist oft Ursache für degenerative Gelenkveränderungen im Alter

Mit zunehmendem Alter werden die Transportwege im Körper unelastischer, enger und poröser. Hierdurch bedingt wird die ausreichende Versorgung der Körperzellen insgesamt und der Knorpelzellen im speziellen dermaßen erschwert, dass diese nach und nach zugrunde gehen.
Folge: Die Knorpelsubstanz wird mürbe und brüchig.

Andauernder Bewegungsmangel führt jedoch nicht nur zu einer »Unterernährung« der Knorpelzellen sondern auch zu einem Abbau der das Gelenk umgebenden Muskeln. Gleichzeitig schrumpfen Sehnen und Bänder, so dass die Gelenkbeweglichkeit immer mehr zurückgeht und das Gelenk versteift. Daher sollten ältere Menschen ihre Gelenke keinesfalls schonen, sondern regelmäßig bewegen.

Bewegungsmangel schadet den Gelenken - besonders im Alter

Aber auch bei länger angelegten Gipsverbänden und zu langer Bandagierung - also zu langer Ruhigstellung der Gelenke - oder durch eine wochenlange Bettlägerigkeit »verhungern« die Knorpelzellen.

* Bezugsquellennachweis auf Seite 144

Wie Sie Ihre Adern elastisch halten und somit eine »Adernverkalkung« verhindern, lesen Sie in dem Ratgeber »Keine Angst vor hohen Cholesterinwerten, Arteriosklerose, Herzinfarkt, Schlaganfall« von Wolf A. Releiv*.

Bewegungsmangel, Nichtbenutzung oder Zuwenigbenutzung der Gelenke

Totale Schonung ist Gift für die Gelenke

Immer wieder liest man in der Presse, dass Sportler wegen einer Gelenkverletzung pausieren - also sich schonen müssen.
Wenn also eine sportliche Belastung die Gelenke kaputt macht bzw. schädigt, müsste doch »Nichtstun« und »sich-so-wenig-wie-möglich-bewegen« der richtige und beste Weg sein, einen Gelenkschaden - und somit auch die Arthrose - zu verhindern.

Eigentlich eine logische Schlussfolgerung.
Völlig falsch !!!

Bewegungsmangel ist Gift für die Gelenke. Übermäßig Ruhe schadet den Gelenken.

Hätten Sie´s gewusst? Zu langes Sitzen schadet den Gelenken

Während in früheren Jahren die Arthrose hauptsächlich durch arbeitsbedingte Gelenküberbelastungen und Fehlbelastungen entstand, ist es in unserer heutigen Zeit vorwiegend die bequeme »Sitzgesellschaft«, die an Arthrose leidet.

Bei Menschen, die sich kaum oder nur wenig bewegen, »verhungern« die Knorpelzellen. Das trifft leider auch auf alle sitzenden Berufe zu. Hinzu kommt meistens noch die »einseitig verkrampfte« Sitzhaltung am Schreibtisch oder am Computer.

Trotz dieser »leichten körperlichen« Tätigkeit klagen viele »Betroffene« über Knieschmerzen.
Kein Wunder. Sind doch die Beine fast den ganzen Tag über rechtwinklig abgewinkelt oder abgeknickt.

Die Folge: Schon nach kurzer Zeit machen sich Schmerzen unter der Kniescheibe bemerkbar. Diese Beschwerden sind nicht nur lästig, sondern sie beeinflussen auch die Lebensqualität und somit die »Lebensfreude«.

Falsche Sitzhaltung

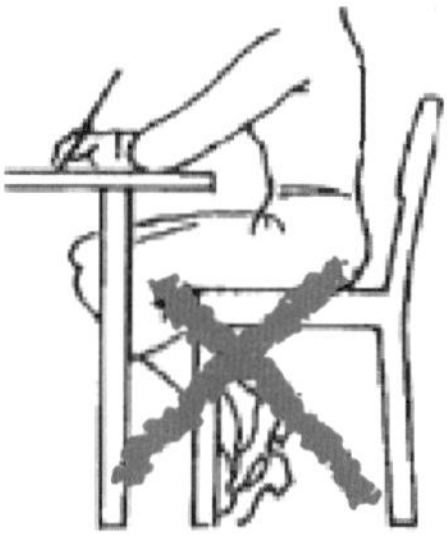

Verantwortlich hierfür sind folgende Ursachen:
Durch langes Sitzen in statisch einseitiger Position wird das Gelenk nicht mehr ausreichend ernährt. Darüber hinaus kann die Knorpeloberfläche unter der Kniescheibe abgedrückt werden.

Richtige Sitzhaltung

Fazit: Die Knorpeloberfläche wird rau und weist einen verstärkten Knorpelabrieb auf - ähnlich wie bei einer dauernden Überbelastung, z.B. durch sportliche Aktivitäten.

Ebenso wie ständiges Sitzen ist auch langes Stehen - wie z.B. bei Verkäuferinnen, Verkäufern und Frisörinnen und Frisöre üblich - schädlich für die Knorpelernährung.

Genussmittel und Stoffwechselstörungen

Genussmittel, wie Alkohol und Tabak, können ebenfalls eine unheilvolle Rolle bei der Entstehung von Arthrose spielen.

So ist z.B. nachgewiesen, dass Menschen, die viel Alkohol zu sich nehmen, aber nicht unbedingt Alkoholiker sein müssen, häufiger an Gelenkerkrankungen leiden als Menschen, die keinen - bzw. wenig - Alkohol trinken. Dasselbe gilt auch für Raucher.

Erhöhter Alkoholgenuss und Rauchen können Gelenkerkrankungen auslösen und zu einer Arthrose führen

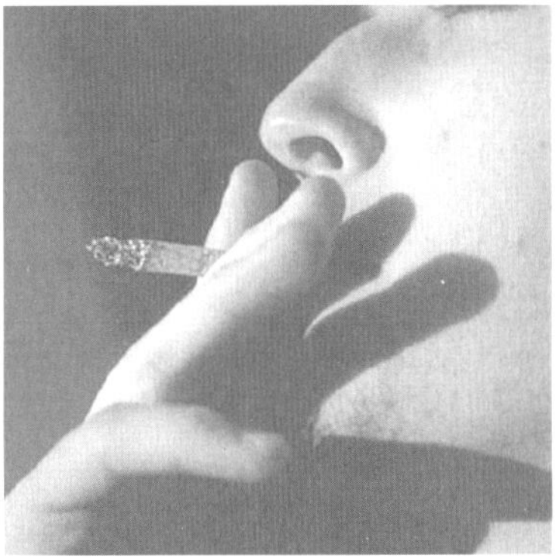

Ebenfalls ist nachgewiesen, dass Nikotin die Gefäße nicht nur verengt, sondern direkt schädigt.
Darüber hinaus ist Nikotin ein starkes Zellgift.

Kein Wunder also, dass sich Nikotin- und Teerbestandteile, die sich im Tabakrauch befinden, praktisch als Kondensat in der Kniegelenkflüssigkeit des Rauchers nachweisen lassen.
Im Klartext heißt das: Auch das Knie raucht mit!

Stoffwechselstörungen, wie Diabetes oder Gicht, sind eine weitere Ursache für Entzündungen an den Knorpelflächen.

Ebenso beeinträchtigen Durchblutungsstörungen oder Gefäßerkrankungen, wie die Arteriosklerose oder Krampfadern, die Gelenkfunktionen erheblich - speziell beim Kniegelenk.

Der Verlauf einer Arthrose

... und das traurige Ende, wenn nicht rechtzeitig - also schon bei den ersten Anzeichen - wirkungsvolle Gegenmaßnahmen erfolgen

Eine Arthrose ist keine Krankheit, die uns von heute auf morgen überfällt, wie z.B. ein Schnupfen oder eine Grippe.

Die Arthrose verläuft im Allgemeinen recht langsam, fast schleichend, über einen Zeitraum von vielen Jahren, ehe sie sich bemerkbar macht. Sie verursacht zunächst auch keine Schmerzen bzw. anderweitige unangenehme Erkennungsmerkmale, Begleiterscheinungen oder Symptome. Und eben darin liegt auch die große Gefahr der »Zu-Spät-Erkennung«!

Eine Arthrose entsteht fast schleichend - darin liegt die große Gefahr

So beginnt es:
Eine Arthrose beginnt stets damit, dass der Körper mehr Knorpel ab- als aufbaut.

Hierdurch verliert der Knorpel, da sich ja nun ständig weniger Knorpelmasse bildet und diese somit immer dünner wird, langsam aber stetig seine Elastizität und seine Stoßdämpfereigenschaften.

Die ehemals glatte Knorpeloberfläche wird spröde, rau und rissig. Dieses Stadium kann monatelang - oft sogar jahrelang - andauern, ohne dass nennenswerte Schmerzen oder anderweitige Beschwerden auftreten.

Der Betroffene merkt von alledem, was in seinem Körper vorgeht, zunächst nichts, außer ab und zu mal ein »leichtes Ziehen« in den betroffenen Gelenken. Diesen Zustand bezeichnet man auch als stumme, passive oder ruhende Arthrose.

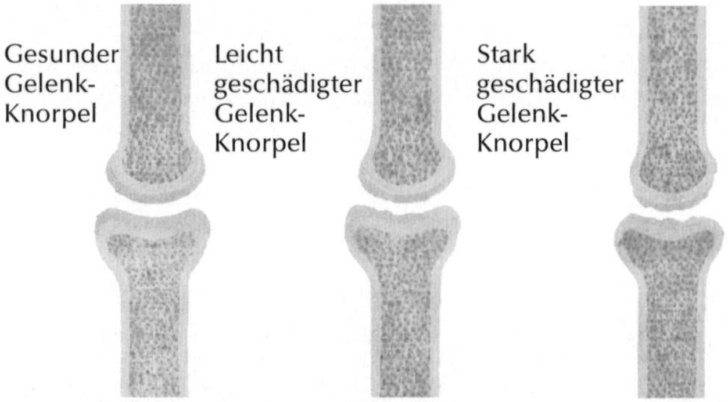

Erst wenn an irgendeiner Stelle der Knorpel einen Teil seiner Grundsubstanz nahezu ganz verliert und quasi »mürbe« wird, treten die ersten »arthrotischen« Erkennungsmerkmale auf, wie z.B. eine gewisse Steifheit, verbunden mit einem Spannungsgefühl in den betroffenen Gelenken, Morgensteifigkeit nach dem Aufstehen, Anlaufschmerz oder Ermüdungsschmerz nach längerem Gehen oder Stehen.

Morgensteifigkeit - erste Anzeichen einer beginnenden Gelenkarthrose

Bei jeder Bewegung, die das betreffende Gelenk jetzt ausführt, reibt sich aber immer etwas weitere Knorpelsubstanz ab.

Der ursprünglich kleine und im Röntgenbild zunächst noch nicht oder kaum sichtbare Knorpeldefekt, vergrößert sich ständig, bis schließlich der darunterliegende Knochen an dieser Stelle freiliegt. Jetzt treten auch die ersten länger andauernden, stechenden, bohrenden oder ziehenden Schmerzen auf, da in der Gelenkinnenhaut schubartig verlaufende Entzündungen entstehen.

Dieser Reizzustand führt in den meisten Fällen auch schon zu einer sicht- und tastbaren Gelenkentzündung.

Gehen diese degenerativen Veränderungen nun weiter, durch Nichtbeachtung oder Nichtbehandlung, so kommt es unweigerlich zu einer Einschränkung der Gelenkbeweglichkeit und der Gelenkbelastbarkeit.

Die zunächst nur bei einer Belastung des Gelenkes, etwa beim Gehen oder längerem Stehen, spürbaren Schmerzen treten nun auch verstärkt in Ruhestellungen auf, wie z.B. beim Sitzen, Liegen, Autofahren etc.

Das betroffene Gelenk lässt sich nur noch unter mehr oder weniger starken Schmerzen bewegen.

Im Röntgenbild kann der Arzt deutlich erkennen, dass der Gelenkspalt, der ja ursprünglich von Knorpelmasse ausgefüllt war, kleiner bzw. enger geworden ist, da ja ein Teil der Knorpelmasse fehlt.

Zerstörter Gelenkknorpel und bereits geschädigter Knochen

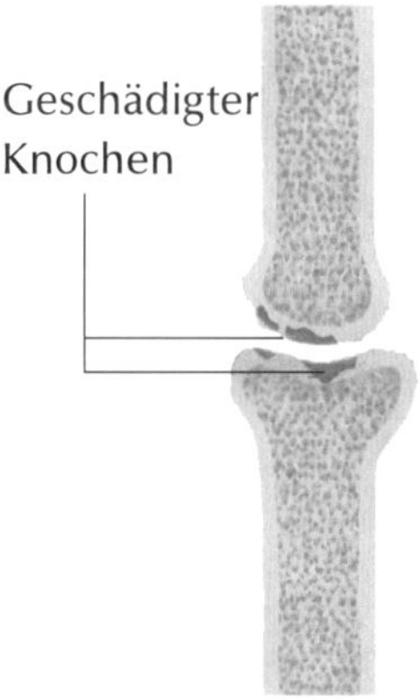

Im weiteren Verlauf dieses Zerstörungsprozesses im Gelenk wird nicht nur allmählich der gesamte Knorpel abgerieben - sondern darüber hinaus treten zuzüglich auch noch degenerative Veränderungen direkt an den Gelenkknochen auf.

Auf der jetzt praktisch »nackten« Gelenkfläche können sich röntgenologisch feststellbar kleine Spalten und Hohlräume bilden - sowie Knochenwülste bzw. sogenannte »Knochenhöcker« entstehen.

Das Gelenk wird letztlich immer funktionsunfähiger, unbeweglicher und zum Schluss vollkommen steif, so dass als letzter Ausweg nur noch ein künstlicher Gelenkersatz helfen kann.
Lassen Sie es nicht soweit kommen!

Die Arthrose ist nämlich kein unabwendbares Schicksal, das wir geduldig hinnehmen müssen. Beginnen Sie bereits bei den ersten Anzeichen, der Arthrose aktiv und gezielt entgegenzutreten.

Oder noch besser: Beugen Sie einer Arthrose wirksam vor, auch wenn sie noch keinerlei Beschwerden haben und sich noch in den »besten Jahren« befinden.
Mit NCO-Peptiden können Sie einer Arthrose wirksam begegnen - siehe auch Kapitel Arthrose-Prophylaxe ab Seite 116.

Stumme Arthrose, Aktivierte Arthrose, Arthritis

Worin besteht der Unterschied?

Zwei Dinge sollten grundsätzlich auseinander gehalten werden: Arthrose und Arthritis.

Die Arthrose an sich ist eine degenerative, nicht entzündliche Gelenkerkrankung, die Arthritis dagegen eine entzündliche Gelenkerkrankung (Gelenkentzündung).

Nicht einfach zu diagnostizieren: Stumme Arthrose, Aktivierte Arthrose und Arthritis

Selbst für einen erfahrenen Facharzt ist es oft nicht einfach, schon frühzeitig eine genaue Diagnose darüber zu erstellen, ob es sich beim Auftreten der ersten Gelenkbeschwerden um eine Arthrose oder um eine andere Form einer Gelenkerkrankung handelt.

Ursache der Arthrose ist in erster Linie ein Missverhältnis zwischen der Belastungsfähigkeit eines Gelenkes und seiner tatsächlichen Belastung.

Die stumme Arthrose

Die »normale«, also stumme Arthrose, ist im eigentlichen Sinne keine Erkrankung sondern eine Gelenkknorpelveränderung, die praktisch alle Menschen im Laufe ihres Lebens erfahren müssen.

Durch stumme Arthrose leicht geschädigter Gelenkknorpel

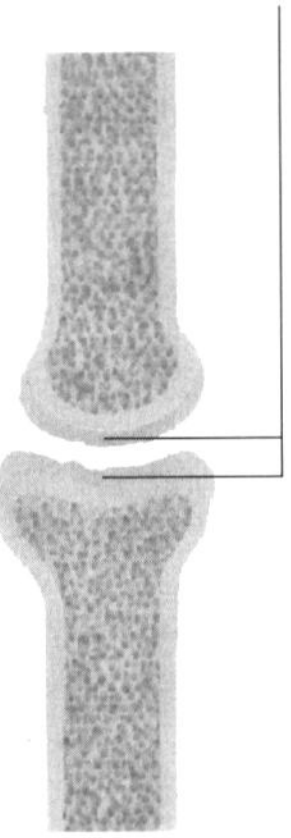

Sie beginnt damit, dass mehr Knorpelbestandteile an den von Arthrose befallenen Gelenken abgebaut als aufgebaut werden.

Hierdurch verliert der Knorpel an Elastizität. Er wird spröde, rau und rissig.

Bei jeder Bewegung, die das Gelenk jetzt ausführt, reibt sich immer mehr Knorpelsubstanz ab, bis schließlich die Knochenhaut freigelegt und die Beweglichkeit und Funktionsfähigkeit des betroffenen Gelenkes spürbar eingeschränkt wird.

Die typischen Anzeichen für eine stumme Arthrose sind

- Spannungs- und Steifheitsgefühl in den betroffenen Gelenken beim Aufstehen bzw. zu Beginn einer Belastung. Besonders nach längerem Sitzen oder Liegen tritt oft nach den ersten Schritten ein sogenannter »Anlaufschmerz« auf, der nach kurzer Zeit wieder verschwindet

- Ermüdungsschmerz nach längerem Gehen - wie z.B. Spaziergängen und Wanderungen
- Witterungsabhängige Schmerzen in den Gelenken
- Bewegungsausfälle oder Gelenkgeräusche bei Belastungen

Früherkennung ist wichtig - erste Anzeichen sind daher ernst zu nehmen

Jede »stumme Arthrose« kann im Laufe der Zeit - insbesondere bei ständiger Über- oder Fehlbelastung der Gelenke - in eine sogenannte »aktivierte Arthrose« übergehen, verbunden mit all ihren negativen Begleiterscheinungen - wie ab Seite 38 beschrieben.

Frühzeitig erkannt, lässt sich eine Arthrose gut behandeln.

Nehmen Sie daher die ersten Anzeichen, die auf eine Arthrose hinweisen könnten, ernst und verdrängen Sie diese nicht. Vertrauen Sie nicht darauf, dass bei nur gelegentlich auftretenden, schubweisen Gelenkschmerzen eine »Selbstheilung« oder Besserung eintritt.

Gehen Sie rechtzeitig zum Arzt, denn nur er kann eine genaue Diagnose erstellen und Ihnen sagen, ob es sich um eine beginnende Arthrose oder um eine andere Gelenkerkrankung handelt.

So kann Ihr Arzt eine Arthrose feststellen

Um eine genaue Diagnose stellen zu können, sind folgende Maßnahmen notwendig:

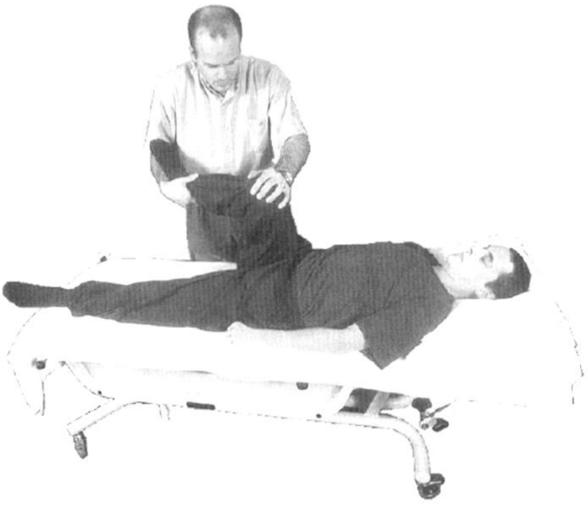

- **Inspektion des schmerzhaften Gelenkes**
  Hierbei achtet Ihr Arzt auf Gangbild, Schwellungen, Fehlstellungen und darauf, ob das Gelenk deformiert ist.

- **Abtasten der betroffenen Region**
  Der Tastbefund liefert Informationen über die Art des Schmerzes, zum Beispiel Druckschmerz. Auch die Hauttemperatur am Gelenk kann wertvolle Informationen geben.

- **Funktionsprüfung**
  Nach der Tastuntersuchung folgt die Funktionsprüfung. Der Arzt bewegt das betroffene Gelenk und kann die Gelenkbeweglichkeit beurteilen. Erst im fortgeschrittenen Krankheitsstadium wird der gesamte Bewegungsablauf schmerzhaft.

- **Blutuntersuchung**
  Damit kann Ihr Arzt andere rheumatische Erkrankungen ausschließen.

- **Einsatz bildgebender Verfahren**

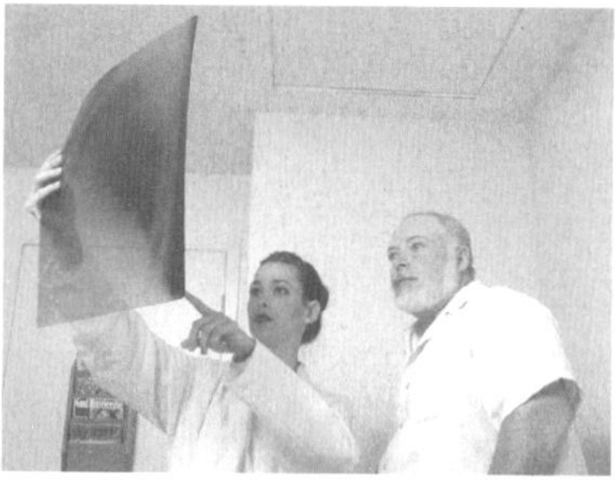

Zur weiteren Diagnose können Röntgenbilder vom betroffenen Gelenk gemacht werden.
Bei unklaren Untersuchungsergebnissen kann auch eine Ultraschallaufnahme (Sonographie) oder eine Kernspintomo-

graphie (auch „MRT“ Magnetresonanztomographie genannt) Klarheit schaffen. Sonographie und MRT sind frei von Strahlungsbelastungen.

- **Diagnostische Eingriffe**
  Eine weitere Möglichkeit wäre noch die Arthroskopie (Gelenkspiegelung), die nicht allein zur Diagnose sondern gleichzeitig auch zu einer Behandlung von Knorpelschäden dient. Bei einer Arthroskopie wird der Gelenkinnenraum mit einem Spezialendoskop in lokaler Betäubung oder Narkose untersucht.

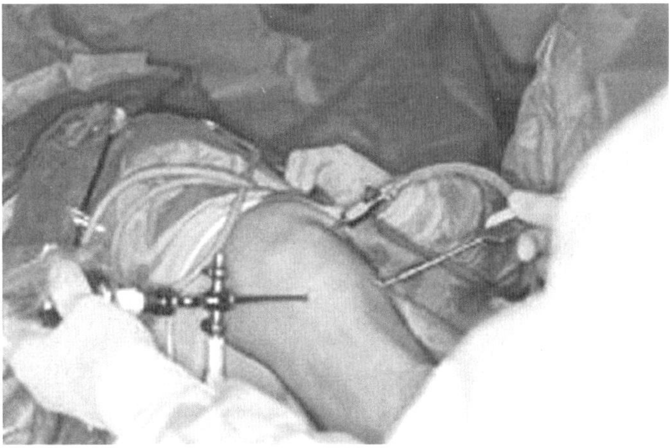

Abbildung zeigt einen arthroskopischen Eingriff

Die aktivierte Arthrose

Bei einer aktivierten Arthrose treten ähnliche Symptome auf wie bei einer Arthritis.

Verursacht dauerhafte Schmerzen: eine aktivierte Arthrose

Eine aktivierte Arthrose macht sich vor allem dadurch bemerkbar, dass die Gelenkschmerzen nicht nur vorübergehend bzw. nach längerem Sitzen oder zu Beginn einer Belastung der Gelenke auftreten, sondern fast ununterbrochen.

Weitere Symptome einer aktivierten Arthrose sind:

- Gelenkentzündungen
- Gelenkschwellungen
- Schmerzbedingte, eingeschränkte Beweglichkeit der Gelenke
- Belastungsschmerzen, die sich zu Dauerschmerzen auch in Ruhe und während der Nacht steigern können

Eine Arthrose kann über viele Jahre und Jahrzehnte in ruhender Form bestehen und dann plötzlich durch einen Auslöser in eine aktivierte, entzündete Form übergehen.

Als Auslöser kommen unterschiedliche Anlässe, wie z.B. eine Überlastung der Gelenke, Klimaeinflüsse, lange Wanderungen, Spaziergänge und Autofahrten, Bergwanderungen und Klettertouren, bakterielle oder Virusinfektionen - auch als Folge eines grippalen Infektes - sowie die Einnahme von Medikamenten in Frage. Selbst ein kleiner Unfall kann bereits eine aktivierte Arthrose auslösen.

So ist es beispielsweise möglich, dass innerhalb weniger Stunden das betroffene Gelenk stark anschwellen und große Schmerzen verursachen kann.

Geschwollenes Kniegelenk

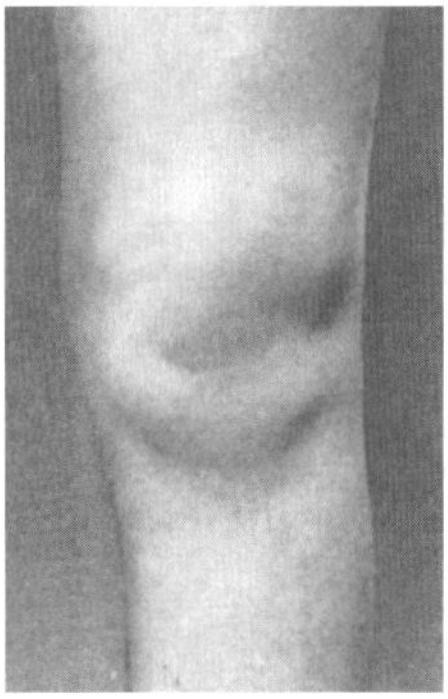

Man spricht in diesem Zusammenhang von einem Gelenkerguss.

Ein solcher Gelenkerguss drückt zwangsläufig auf die Gelenkkapsel und reizt die dort vorhandenen empfindlichen Nerven.

Dadurch bedingt entstehen oft Schmerzen, die von vielen als »wahnsinnig« empfunden werden. Verbunden sind sie zumeist mit einer stark eingeschränkten Bewegungsfähigkeit des betroffenen Gelenkes.

Entzündetes Gelenk mit Gelenkerguss

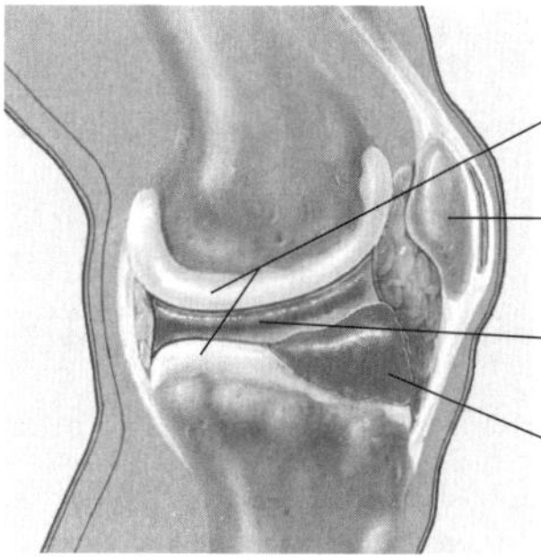

Dieser schmerzhafte Gelenkerguss zwingt dazu, das Gelenk ruhig zu stellen, es zu schonen, evtl. hochzulegen und dadurch zu entlasten.

Manchmal, in leichteren Fällen, reichen bereits Hochlegen des Gelenkes, Kühlen mit Eiswasser, Alkohollösungen, antirheumatische Medikamente - wie auf den Seiten 82 bis 86 angegeben - und die Schonung des Gelenkes aus, um eine aktivierte Arthrose wieder zur Ruhe zu bringen und sie in eine stille oder ruhende Arthrose zurückzuführen.

In schweren Fällen ist es durchaus möglich, dass eine aktivierte Arthrose, verbunden mit starken Schmerzen, nicht nur Tage, sondern Wochen - ja sogar Monate - andauert und somit die Lebensqualität des Betroffenen erheblich einschränkt.

In einer solchen Situation kommt man natürlich mit einfachen Hausmitteln nicht mehr aus.

Es ist selbstverständlich, dass hier ärztliche Maßnahmen eingeleitet werden müssen bzw. die Hilfe des Arztes gefragt ist.

Denn als Folge einer zu spät behandelten aktivierten Arthrose bleibt meist eine stark eingeschränkte Bewegungsunfähigkeit sowie eine Belastungsminderung zurück.

Daher sollte man schon bei den ersten Anzeichen einer Gelenkschwellung unverzüglich den Arzt aufsuchen.

Die Behandlung der aktivierten Arthrose

Das A und O bei der Behandlung der aktivierten und entzündeten Arthrose sind Ruhe und Entlastung.

Ziel einer jeden Behandlung sollte sein, die schmerzhafte aktivierte Arthrose in einen ruhenden Zustand zurückzuführen. Vor allen Dingen auch, um Einbußen in der Gelenkfunktion und in der Lebensqualität, die durch andauernde Schmerzempfindung stark eingeschränkt ist, so gering wie möglich zu halten.

Auch bei ärztlicher Inanspruchnahme darf bei einer aktivierten Arthrose, egal ob es sich um eine schwere oder leichtere Form handelt, keinesfalls erwartet werden, sofort beschwerdefrei zu sein.

Wie bereits erwähnt, ist es das erste therapeutische Ziel, die Arthrose wieder zur Ruhe zu bringen. Darum sollte das von der aktivierten Arthrose betroffene Gelenk für kurze Zeit, die Betonung liegt auf »kurze Zeit«, entlastet werden.

Denn Ruhe lindert den Schmerz; die Entzündung geht zurück.

Diese Ruhigstellung darf jedoch keinesfalls über einen längeren Zeitraum erfolgen, da jedes Gelenk zur Versteifung neigt, wenn es nicht bewegt wird. Es ist also sehr wichtig, sobald der Schmerz abklingt, vorsichtige belastungsfreie Bewegungen durchzuführen.

Zu lange Ruhigstellung führt zur Gelenkversteifung

Ein wesentliches Kennzeichen der aktivierten Arthrose ist, wie bereits erwähnt, die Entzündung. Dadurch kann Gewebeflüssigkeit in den Gelenkinnenraum übertreten, so dass ein Gelenkerguss entsteht. Da jedoch ein Gelenkerguss auch als Folge einer rheumatischen Erkrankung oder von Verletzungen entstehen kann, ist für den Arzt eine genaue Diagnose äußerst schwierig.

Es ist im Röntgenbild nicht festzustellen, ob die bereits bestehende Arthrose in einen entzündeten Zustand übergegangen ist oder ob sich der Patient eine Verletzung zugezogen hat.

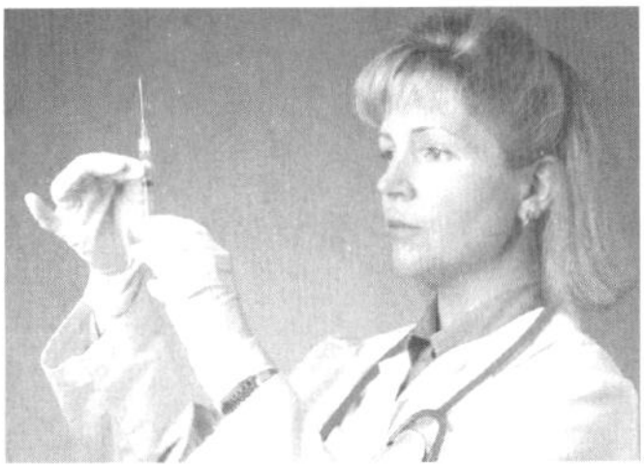

Erst eine Punktion, die praktisch 2 Ziele erreicht, kann hier Klarheit schaffen. Durch das Abziehen von Flüssigkeit mit einer Spritze (Punktieren) wird einerseits die Gelenkkapsel von dem inneren Druck entlastet, so dass der Schmerz sofort nachlässt.

Gleichzeitig werden auch sogenannte Eiweißspalten und knorpelschädigende chemische Substanzen (Schlackenstoffe) durch die Punktion aus dem Gelenk entfernt.

Außerdem kann der Arzt mit dieser Punktion eine genaue Diagnose sichern bzw. erstellen und erkennen, ob es sich um eine Verletzung, eine Überbelastung oder eine aktivierte Arthrose handelt.

Diese Rückschlüsse kann er zum einen aus der Beschaffenheit und der Farbe der Gelenkflüssigkeit ziehen und zum anderen mit Hilfe von mikroskopischen und biochemischen Untersuchungen gewinnen.

Eine genaue Diagnose ist auch daher sehr wichtig, weil die Behandlung einer rheumatischen Entzündung, wie z.B. Arthritis, einer anderen Therapie bedarf als z.B. die Behandlung einer stummen oder einer aktivierten Arthrose bzw. einer Verletzung (z.B. einer Kapselbandverletzung).

Eine Fehlbehandlung infolge einer falschen Diagnose würde das Leiden daher nicht verbessern sondern eher verschlimmern und chronisch werden lassen.

Und nun erschrecken Sie nicht - nachdem Sie sicherlich schon so viel Negatives über Cortison gelesen oder gehört haben!

Cortison - nur gezielt eingesetzt hilfreich

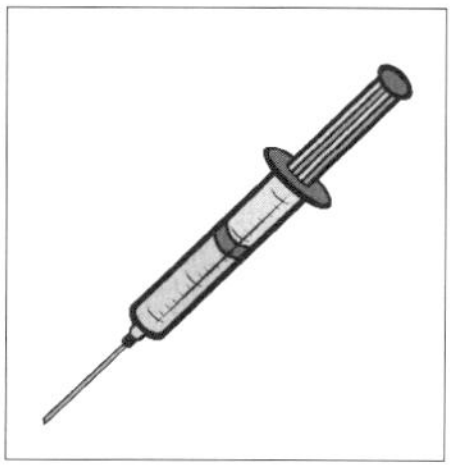

Während eines hoch akuten Schubes, verbunden mit Gelenkschwellungen, hat sich eine vorläufig einmalige Cortisoninjektion direkt in das Gelenk nicht nur als äußerst hilfreich, sondern als wahre Wohltat für den Betroffenen erwiesen.

Innerhalb von Stunden gehen Schmerzen und Schwellungen zurück. Gleichzeitig wird die Bildung eines erneuten Gelenkergusses sowie die Freisetzung der Enzyme, die den Knorpel angreifen und zerstören, unterbunden.

Völlig verfehlt wäre es jedoch, Cortisoneinspritzungen in ein Gelenk mehrmals kurz hintereinander durchzuführen. Bei jedem Einstich entsteht in der Gelenkkapsel eine kleine Wunde.
Je zahlreicher diese kleinen Verletzungen werden, desto mehr kann auf diese Weise die Gelenkkapsel zusätzlich geschädigt werden.

Daher: Eine Cortisoninjektion ist nur sinnvoll für die Akutversorgung in der hochaktiven Phase einer aktivierten Arthrose; also im Stadium einer heftig entzündlichen Schwellung des Gelenkes!

Cortisontabletten sollten auf keinen Fall bei Arthrosen eingenommen bzw. verschrieben werden, da die Gefahr von Nebenwirkungen für den gesamten Körper größer ist, als der Nutzen.

Was ist Arthritis?

Fast jeder Mensch wird im Laufe seines Lebens irgendwann einmal Beschwerden bekommen, die auf eine Arthrose zurückzuführen sind. Jedoch nur bei einem kleinen Prozentsatz von 3% bis 4% tritt eine echte rheumatische Gelenkerkrankung auf - **die Arthritis.**

Arthritis - eine chronische Gelenkentzündung

Mit dem Begriff »Arthritis« werden generell alle Erkrankungen bezeichnet, bei denen entzündliche Gelenkprozesse vorliegen. Während bei einer Arthrose die degenerativen Gelenkveränderungen (vermehrter Knorpelabrieb) direkt am Gelenkknorpel beginnen, wird bei einer Arthritis zuerst die Gelenkhaut von einer schmerzhaften Entzündung befallen.

Erst danach wird der Knorpel und das Gelenk in den entzündlichen Krankheitsprozess, der sogenannten »Gelenkentzündung«, einbezogen.

Die Arthritis ist eine akute, chronische oder in Schüben verlaufende Gelenkentzündung. Hauptsymptome sind eine Schwellung und Schmerzen am Gelenk. Die Gelenke können überwärmt und geschwollen sein.

Auch treten Schmerzen in der Muskulatur auf, die das Gelenk umgibt.

Der Patient nimmt dann eine Schonhaltung ein, um Schmerzen zu vermeiden. Das schmerzhafte Gelenk wird dadurch weniger bewegt.
Die Folge: Es wird immer steifer.

Die Symptome für eine Arthritis - oft verbunden mit Fieber, Schwäche und Mattigkeit - sind u.a.:

- Heiße, geschwollene Gelenke
- Gelenkschmerzen - sowohl bei Ruhestellung als auch bei Bewegung
- Schmerzbedingte, eingeschränkte Beweglichkeit der Gelenke
- Druckempfindlichkeit der Gelenke
- Morgendliche Gelenksteife

Welche Ursachen für Arthritis gibt es?

- **Durch Infektion bedingte Arthritis**
  Durch eine direkte Infektion eines Gelenkes mit einem Krankheitserreger kann eine Arthritis entstehen. Der Krankheitserreger kann meist in der Gelenkflüssigkeit nachgewiesen und durch eine gezielte Behandlung abgetötet werden.

- **Rheumatisch bedingte Arthritis**
  Das Spektrum der entzündlich rheumatischen Arthritis ist weit. Eine rheumatisch bedingte Arthritis kann ohne dauerhafte Schäden bleiben. Sie kann aber auch zu schweren fortschreitenden Gelenkentzündungen führen, durch die die Gelenke letztlich zerstört werden. Sie tritt akut, chronisch fortschreitend oder in Schüben auf.

Entzündlich-rheumatische Deformation der Fingergelenke

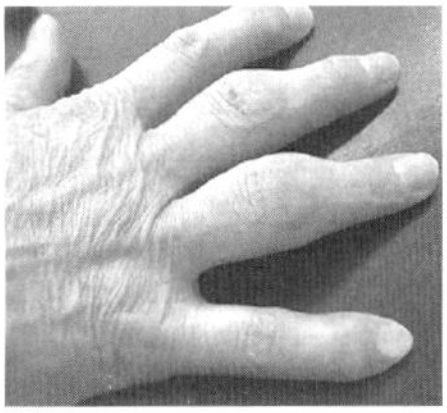

- **Stoffwechselbedingte Arthritis (Gicht)**
  Die Gicht ist eine Stoffwechselerkrankung, die durch zuviel Harnsäure im Blut zu rheumatischen Beschwerden, wie Gelenkschmerzen führen kann. Meist sind dies Schmerzen und Schwellungen im Großzehengrundgelenk.

Wie kann Arthritis festgestellt und behandelt werden?

Es ist unbedingt zu beachten:
Hält oder halten ein bzw. mehrere der aufgeführten Symptome länger als 10 bis 14 Tage an, sollte ein Arzt aufgesucht werden. Dieser kann diagnostizieren, ob es sich um eine Arthrose oder um eine Arthritis handelt.

Die Arthritis kann festgestellt werden durch Blutentnahme und Röntgenaufnahmen. Sie wird mit Antiphlogistika behandelt. Gicht hingegen wird mit harnsäuresenkenden Medikamenten und einer speziellen Diät behandelt.

Da in diesem Ratgeber jedoch die Arthrose im Vordergrund steht, soll auf die Arthritis hier auch nicht näher eingegangen werden.

Die klassische Behandlung von Arthrosen

Die physikalische Therapie ist die klassische Behandlungsform von Arthrosen. Sie bietet eine Vielzahl an Möglichkeiten, von denen die bewährtesten in diesem Kapitel vorgestellt werden sollen.

Sprechen Sie ruhig Ihren Arzt darauf an, er kann Ihnen genau sagen, welche dieser Maßnahmen für Sie infrage kommen - und Ihnen ein Rezept für die entsprechende Behandlung ausstellen.

Physiotherapie: von großer Bedeutung für die Arthrose-Behandlung

Bei der Physiotherapie, die auch heute noch an erster Stelle der Arthrosebehandlung stehen sollte, wird der Körper mit physikalischen Mitteln behandelt,
wie z.B. Bewegung und Gymnastik, Massage, Wärme oder Kälte und Elektrotherapie.

All diese Behandlungsformen haben ein gemeinsames Ziel: den gestörten Stoffwechsel im Gelenk und in seinem Umfeld anzuregen und zu normalisieren, die Schmerzen zu lindern sowie die Muskulatur um das Gelenk herum zu stärken.

Ratschlag der Autoren:
Egal welche Anwendungsformen Sie auch durchführen bzw. Ihr Arzt Ihnen verordnet, die Einbeziehung einer NCO-Knorpel-Aufbau-Kur - wie ab Seite 125 beschrieben - wird stets deutlich bessere und dauerhaftere Behandlungsergebnisse aufweisen, als die alleinige physikalische Therapie.

Die Thermotherapie - auch Wärmebehandlung genannt

Infrarotlicht erzeugt schmerzlindernde Wärme

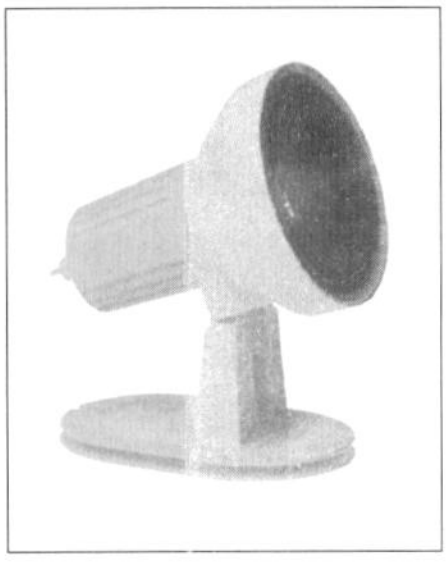

Die Thermotherapie sollte nur bei nicht akut-entzündlichen Gelenkerkrankungen angewendet werden - **keinesfalls bei akuten Entzündungsprozessen,** da sonst die Entzündung noch mehr angeheizt wird.

In allen Fällen der nicht akut-entzündlichen Form der Arthrose ist jedoch schmerzlindernde Wärme angezeigt, z.B. als **Rotlicht (Infrarotlampe), Heizkissen, Wärmflasche, Heublumenpackung, Rheumabad, Fangopackung, Moorbad, Moorpackung, Warmwasser-Wannenbad und Wärmesalbe.**

Anmerkung: Warmwasser-Bäder wirken durchblutungsfördernd, muskelentspannend, krampflösend und schmerzlindernd.

Bei einem Warmwasser-Wannenbad lässt sich die wohltuende Wirkung durch die Zugabe bewährter pflanzlicher Bade-Extrakte noch verbessern.

Zur Durchblutungsförderung eignen sich z.B. Extrakte aus Wacholder, Rosmarin, Latschenkiefer oder Fichtennadeln.

Zur Entspannung und Entkrampfung werden Auszüge aus Heublumen, Lavendel oder Baldrian verwendet.

Vielseitig wirksam:

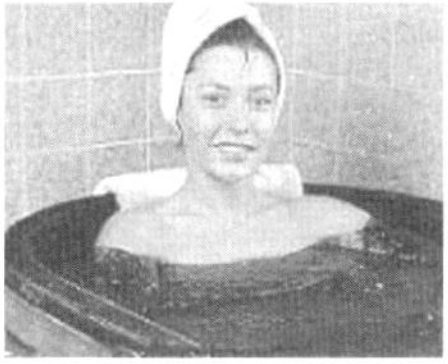

Warmwasser-Wannenbäder

Schmerzlindernd wirken Huminsäuren aus Moor - wie Solhumin-Bäder. Aber auch Permionin-Bäder und Schwefel-Bäder, z.B. Schwefel-Bad Dr. Klopfer.
Mit »normalen« Schaumbädern können diese Ziele jedoch nicht erreicht werden. Es müssen schon arzneilich wirksame Badezusätze sein.

Verschiedene dieser Maßnahmen lassen sich auch bequem **zu Hause** durchführen. Fragen Sie jedoch vorher Ihren Arzt.

Die Thermotherapie

- fördert die Durchblutung
- verbessert die Versorgung der Knorpelzellen mit Nährstoffen - besonders in Verbindung mit einer NCO-Knorpel-Aufbau-Kur
- unterstützt die Ausleitung von Schadstoffen
- entspannt die Muskeln
- erhöht die Elastizität des Gewebes

Die Massagetherapie

Ebenso wie die Wärmetherapie sollte auch die Massagebehandlung nicht im akuten (entzündlichen) Stadium einer Gelenkerkrankung durchgeführt werden.

Massage wirkt durchblutungsfördernd und lindert den Schmerz

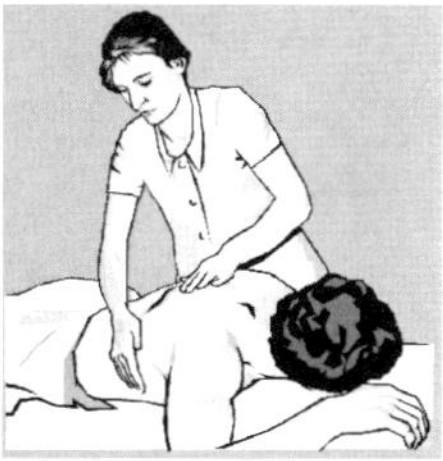

Begeben Sie sich nur in die Hände einer gut ausgebildeten Therapeutin oder eines gut ausgebildeten Therapeuten - denn auch eine Massage muss gekonnt sein. Werden Ihre Beschwerden nach den Massageanwendungen zunehmend schlimmer, statt besser, sollten Sie sich zunächst mit Ihrem Arzt in Verbindung setzen, bevor Sie sich weiter behandeln lassen.

Eine gut ausgeführte Massage

- fördert die örtliche Durchblutung und den Abtransport angestauter Gewebeflüssigkeit (Lymphe)
- löst schmerzhafte Verspannungen und lindert spannungsbedingten Schmerz
- verschafft Linderung bei schmerzhaften Arthrosebeschwerden, die von einem überhöhten Druck im Gewebe um das Gelenk herum ausgehen

Bei der klassischen Arthrosebehandlung wird Massage vorwiegend mit einer **aktiven Bewegungstherapie** kombiniert, da eine direkte Muskelkräftigung durch Massage alleine nicht möglich ist - wovon viele Patienten jedoch überzeugt sind.

Nur durch aktives Bewegen kann dieses Ziel erreicht werden.

Ein kräftiger Muskel ist nämlich in der Lage, einem instabilen arthrotischem Gelenk Stütze und Halt zu geben.

Die Krankengymnastik

Eine klassische Maßnahme in der unterstützenden Arthrosetherapie ist und bleibt die Kranken- und Heilgymnastik, die ebenfalls Ihr Arzt verordnen kann.

Unterstützt die Arthrose-Therapie: Kranken- und Heilgymnastik

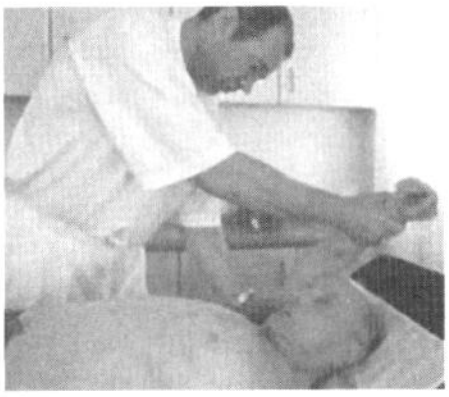

Auch bei der Krankengymnastik ist eine gut ausgebildete Therapeutin bzw. ein gut ausgebildeter Therapeut gefragt, denn gerade dieser Beruf erfordert viel Erfahrung und ein gutes Fingerspitzengefühl.

Jedes extreme Strecken und Beugen, bzw. Durchtrainieren eines arthrotischen Gelenkes, bis in die Endstellung hinein, reizt die Gelenkkapsel, so dass hierdurch eine aktivierte Arthrose ausgelöst werden kann.
Sollten sich daher während einer solchen Therapie Ihre Gelenkbeschwerden verschlechtern, statt verbessern, sprechen Sie Ihre Therapeutin bzw. Ihren Therapeuten unverzüglich darauf an.

Eine gekonnt durchgeführte Krankengymnastik

- unterstützt die Behandlung von Gelenkbeschwerden
- fördert die Beweglichkeit

- stärkt die Muskulatur
- lindert Schmerzen
- verbessert die Knorpelernährung, vor allem bei gleichzeitigem Einsatz von NCO-Peptiden
- fördert die Wiederherstellung der Gelenkigkeit nach Gelenkoperationen oder nach einer längeren Krankheit

Wie bereits erwähnt, kann nicht durch Massage allein, sondern nur in Verbindung mit einer gezielt eingesetzten Krankengymnastik sowie der Hydrotherapie eine kräftige Muskulatur aufgebaut werden. Nur diese ist in der Lage, ein arthrotisches Gelenk zu stützen, zu stabilisieren und dem Gelenk an sich wieder mehr Halt zu geben.

Die Hydrotherapie

Von besonderer therapeutischer Wirkung ist die Wassergymnastik - Bewegungsübungen in warmem Wasser.

Besonders effektiv: Wasser-gymnastik

Gerade bei Gelenkbeschwerden ist Bewegung oder Gymnastik in warmem Wasser besonders effektiv. Fragen Sie Ihren Arzt, er kann Ihnen ein Rezept für die Behandlung ausstellen.

Im Allgemeinen werden 9 bis 12 Anwendungen verordnet. Der Physiotherapeut, bzw. die Physiotherapeutin, wird Ihnen dann, in Absprache mit dem Arzt zeigen, welche Bewegungen oder Übungen für Sie notwendig und sinnvoll sind.

Aufgrund bisheriger Erfahrungen halten die Autoren Bewegungsübungen in etwa 32°C warmem, brusttiefen Wasser - heute auch als medizinisches Bewegungsbad oder als Wassergymnastik bezeichnet - dann für besonders wirkungsvoll, wenn diese Übungen in Verbindung mit einer NCO-Knorpel-Aufbau-Kur durchgeführt werden.

Die Vorteile einer solchen Wasser-Therapie liegen klar auf der Hand:

- Heilungsprozesse an Knochen, Knorpel, Sehnen und Bändern werden unterstützt, Haltungsfehler korrigiert und Gelenkbeschwerden, die durch einen Bewegungsmangel auftreten können, wird vorgebeugt
- Durch den Auftrieb des Wassers wird der Körper wesentlich leichter, so dass für alle Bewegungen nur noch der fünfte Teil der Kraft nötig ist, die man sonst außerhalb des Wassers benötigt
- Bewegungen, bzw. gymnastische Übungen, die im Trockenen nur mühsam und unter quälenden Schmerzen durchgeführt werden können, gelingen in der Schwerelosigkeit des warmen Wassers wieder viel leichter und schmerzfreier
- Verspannungen werden gelöst, geschwächte Muskeln gestärkt, Beweglichkeit und Gelenkfunktion gefördert, Schmerzen gelindert und Gelenkschwellungen vermindert

Durch die gezielt auf das betroffene Gelenk abgestimmten intensiven - jedoch besonders gelenkschonenden und praktisch belastungsfreien - Bewegungsübungen in warmem Wasser wird bei Einbeziehung einer Knorpelaufbaukur mit NCO-Peptiden

Gezielte Bewegungsübungen können die Gelenkbeweglichkeit wieder herstellen

- der Nährstofftransport zu den Knorpelzellen vervielfacht
- die Produktion von Gelenkschmiere (Synoviolflüssigkeit) erhöht
- die Gesundung des geschädigten Knorpels gefördert

Bereits nach wenigen Anwendungen lassen die Schmerzen nach und die Gelenkbeweglichkeit nimmt wieder zu.

Wer rastet der rostet, sagt ein altes Sprichwort

Nach Abschluss der verordneten Wassergymnastik sollten Sie die von geschultem Fachpersonal vermittelten Bewegungsübungen in »Eigeninitative« weiter fortführen.

So sorgen Sie optimal für die Erhaltung der Funktion Ihrer Gelenke. Denn nur durch

Bewegung können Gelenkversteifungen vermieden werden - eine andere Möglichkeit gibt es nicht.

Achten Sie jedoch darauf, dass die Wassertemperatur nicht unter 28°C und nicht über 32°C liegt.

Der größte Teil der Bäder bzw. Thermen ist heute mit Unterwasser-Druckstrahl-Düsen ausgestattet. Wenn Sie dann noch Ihre arthrotischen Gelenke mit diesem Druckstrahl massieren lassen, haben Sie eine optimal wirksame Verbindung von Unterwassergymnastik und Unterwassermassage.

Whirlpool: Gut für Ihre Gelenke

Ebenso positiv wirkt sich auch der Aufenthalt in einem Whirlpool aus, da dieser Sprudeleffekt einer Unterwassermassage gleichkommt. Auch Schwimmen ist eine geeignete Form des Belastungsausgleiches bei Gelenkbeschwerden.

Nicht nur in Reha-Kliniken - auch in vielen Freizeit- und Erholungszentren sowie in Schwimmbädern - wird unter fachlicher Anleitung bereits Wassertherapie als Gruppen- und Einzelgymnastik angeboten.

Aqua-Jogging - eine neue, aber bereits bewährte Therapie aus den USA

Beachtenswerte Erfolge werden auch mit einer jüngeren Therapieform, dem sogenannten Aqua-Jogging erzielt - auch als Aqua-Fitness bezeichnet.

Aqua-Jogging: Eine gute Alternative zur klassischen Wassertherapie

Diese Methode, in den USA entwickelt und durch zahlreiche Studien abgesichert, wird inzwischen auch in vielen deutschen Kurorten, Kurkliniken und Reha-Zentren praktiziert.

Man unterscheidet heute 2 Formen des Aqua-Joggings: Das **W**ater **R**unning - **WR** - und das **S**uspendent **D**eep **W**ater **R**unning - **SDWR** -, eine Weiterentwicklung des WR.

Die Ursprungsform, das **WR**, wurde speziell für Leistungssportler entwickelt, als Aufbau- und Fitnesstraining. Die Weiterentwicklung, das **SDWR** hingegen, wird in den Bereichen der Prävention und Rehabilitation eingesetzt.

Besonders effektiv: Aqua-Jogging zusammen mit einer NCO-Knorpel-Aufbau-Kur

Speziell bei Arthrose ist, insgesamt gesehen, das Aqua-Jogging SDWR eine sehr gute Alternative zu den klassischen (herkömmlichen) Wassertherapien.

Als besonders positiv hat sich der Einsatz des **Aqua-Joggings** in Verbindung mit einer **NCO-Knorpel-Aufbau-Kur** bei der Therapie folgender Arthrosen und Beschwerden herausgestellt:

- **Kniegelenkarthrose (Gonarthrose)**
- **Hüftgelenkarthrose (Coxarthrose)**
- **Schulter- und Fußgelenkbeschwerden**

Unter fachlicher Anleitung werden Aqua-Jogging-Kurse, außer in den bereits erwähnten Kurorten, Kurkliniken und Reha-Zentren, auch in öffentlichen Freizeit- und Schwimmbädern sowie von Volkshochschulen angeboten.

Bei einer Aqua-Jogging-Arthrosetherapie sollte die Wassertemperatur zwischen 28°C und 30°C liegen, keinesfalls höher oder niedriger.

Der Auftrieb des Wassers entlastet beim Aqua-Jogging SDWR den gesamten Bewegungsapparat und erzeugt eine Art Schwerelosigkeit. Dadurch wird die ansonsten zerstörerische, senkrechte Gelenkbelastung deutlich reduziert.

Die nur 3 bis 5 Millimeter dünne Knorpelschicht wird durch die sanften Bewegungen im Wasser wie ein Schwamm gewalkt und kann so, in Verbindung mit einer NCO-Peptid-Knorpel-Aufbau-Kur, wieder wichtige Nährstoffe aufnehmen und sich regenerieren.

Sole-Moor-Schwefel- und Radon-Badekuren

Solange es Kurbäder gibt, ist die Arthrose die klassische Indikation.

Badekuren sind für Arthrosepatienten besonders geeignet und werden in über 200 Kurorten durchgeführt

Von den rund 300 Kurorten, die es in ganz Deutschland gibt, haben sich heute etwa 200 auf die Behandlung von Patienten mit Gelenkerkrankungen spezialisiert.

Folgende Kurmittel in Form von Bewegungs-Bädern sind, so die Autoren, für Arthrosepatienten besonders gut geeignet - sofern keine akute Entzündung im Gelenk vorliegt.

Sole-Thermen

Sie lindern vor allem Rücken- und Gelenkbeschwerden.

Die kurmäßige Anwendung fördert die Durchblutung, löst Verspannungen in den Muskeln und wirkt schmerzstillend.

Der hohe Salzgehalt verstärkt den »Auftrieb«, wodurch der Körper noch leichter als im »normalen« Wasser wird und daher intensivere Bewegungsübungen möglich sind.

Moor-Bäder

Der positive Wärmeeffekt kann bei einem Moorbad noch intensiver genutzt werden als beim Baden in warmem Wasser. Moor ist außerdem reich an wertvollen Substanzen, wie beispielsweise ostrogenähnlichen oder antibakteriell wirkenden Stoffen, die »durch die Haut« wirken.

Neben Moor-Wannen-Bädern gibt es in einigen Kurorten auch Moor-Bewegungs-Bäder.

Allerdings sind Moorbäder für Herz- und kreislauflabile Patienten wegen der starken Reizreaktion nicht geeignet.

Radon-Thermen

Radon ist ein flüchtiges Gas, das man weder riechen, noch schmecken kann. Vermutlich wird es über die Haut aufgenommen.

Wissenschaftliche Versuche haben jedenfalls gezeigt, dass Radonbäder nicht nur eine schmerzstillende Wirkung besitzen, sondern darüber hinaus auch die Durchblutung in den feinsten Blutgefäßen - den sogenannten Kapillaren - anregen, wodurch der erkrankte Knorpel wieder besser mit Nährstoffen versorgt werden kann.

Schwefel-Thermen

Auch hier konnten wissenschaftliche Studien nachweisen, dass die Substanzen aus dem Wasser der Schwefelthermen durch die Haut aufgenommen und im Bindegewebe und Knorpel eingebaut werden.
Gleichzeitig wurde eine günstige Wirkung auf das Immunsystem festgestellt.

Alle aufgeführten Thermen entfalten darüber hinaus eine durchblutungsfördernde Wirkung, die wiederum mit einer Gewebeerwärmung verbunden ist.

Eine NCO-Knorpel-Aufbau-Kur fördert den Knorpelaufbau

Hierdurch ergibt sich die Möglichkeit, unter Einbeziehung einer NCO-Knorpel-Aufbau-Kur, wieder mehr Nährstoffe an das Gelenk heranzuführen und somit den Stoffwechsel im Gelenk zu verbessern und den Knorpelaufbau zu fördern.

Hinzu kommt, dass Wärme nicht nur schmerzlindernd wirkt, sondern darüber hinaus auch arthrotisch bedingte Muskelverspannungen löst. Das Gelenk wird wieder beweglicher.

Die Elektrotherapie

Bei der Elektrotherapie gibt es eine nahezu unüberschaubare Vielfalt von elektrotherapeutischen Geräten.

Unabhängig von den unterschiedlichen Wirkungsweisen ist das Ziel der Elektrotherapie:

- die Durchblutung sowie den Stoffwechsel und den Abtransport von Schlacken zu fördern
- Schmerzen zu lindern und Entzündungsprozesse zu dämpfen
- den Stoffwechsel einer arthrotisch veränderten Gelenkkapsel wieder anzuregen und die Regeneration zu fördern

Rat der Autoren:
Zur Erreichung dieser Ziele, vor allem im Hinblick auf eine Ernährungsverbesserung der Knorpelzellen, empfiehlt es sich generell, eine elektrotherapeutische Behandlung der Arthrose mit der NCO-Knorpel-Aufbau-Kur zu kombinieren.

Durch diese »Kombinationstherapie« gelangen nicht nur mehr - sondern vor allem auch **die** speziellen Nährstoffe an den Gelenkknorpel - die er zu seinem Aufbau (Regeneration) und Fortbestand benötigt (siehe auch Seite 99 - Knorpelernährung).

Alle Möglichkeiten der elektrotherapeutischen Verfahren aufzuführen, würde den Rahmen dieses Ratgebers sprengen. Daher sollen hier nur die wesentlichsten Punkte angeführt werden.

Grundsätzlich werden die Verfahren in drei Bereiche unterteilt:

1. Niederfrequenzbehandlung
2. Mittelfrequenzbehandlung
3. Hochfrequenzbehandlung

Galvanotherapie (Iontophorese)

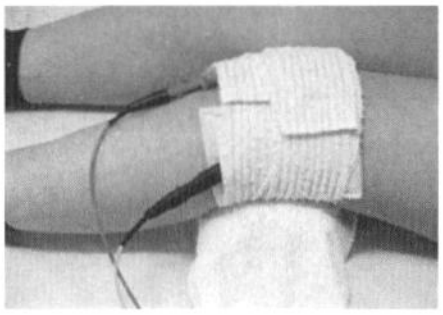

An weiteren Verfahren sind noch zu nennen:

- Die Galvanotherapie (Iontophorese)
- Die Ultraschallbehandlung
- Das hydroelektrische Bad - besser bekannt als Stangerbad oder Zellenbad bzw. Vierzellenbad

Das Stangerbad, benannt nach seinem Begründer, ist zwar schon eine »historische«, aber dennoch sehr erfolgreiche Therapie - vor allem in Verbindung mit einer NCO-Knorpel-Aufbau-Kur.

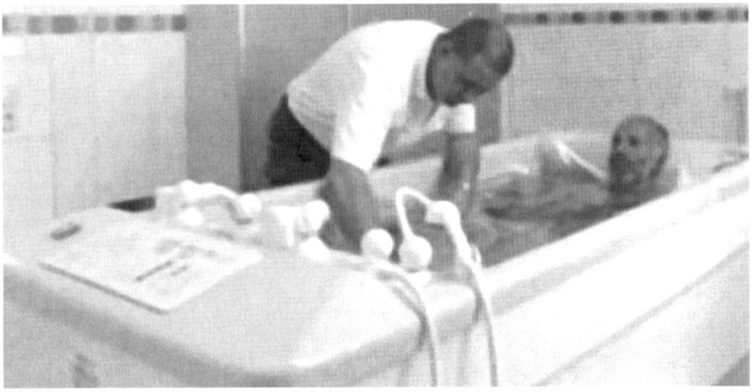

Das Stangerbad - fast schon historisch, aber immer noch sehr erfolgreich

Aufgrund langjähriger Erfahrungen wird von den Autoren die Kombination einer NCO-Knorpel-Aufbau-Kur mit hydroelektrischen Bädern besonders empfohlen bei:

- **Knie- und Hüftgelenk-Arthrose**
- **Wirbelgelenk-Arthrose**
- **Arthrosen in den Fingergelenken**

Bei einer Wasser-Kur mit hydroelektrischen Bädern, genauer gesagt Elektrotherapie im Wasser, kommt - auf den jeweiligen Arthrosezustand abgestimmt - entweder das Stanger-Bad oder das Zellen- bzw. Vierzellen-Bad zum Einsatz.

Hinweis:
Bei der Kombination einer NCO-Knorpel-Aufbau-Kur mit hydroelektrischen Bädern wird erreicht, dass neben

- einer intensiven Stoffwechsel-aktivierung,
- einer Durchblutungsförderung,
- einer Muskelentspannung
- sowie einer Verbesserung der Gelenkbeweglichkeit

auch eine Ernährungsverbesserung der Knorpelzellen erzielt wird, so dass deren Fähigkeit, neue Knorpelmasse aufzubauen, wesentlich erhöht wird.

Ein weiterer Vorteil besteht darin, dass dem Badewasser - je nach Bedarf - sowohl entzündungshemmende als auch schmerzlindernde Wirkstoffe, die es auch auf natürlicher Basis gibt, zugegeben werden können und sehr rasch ihren Zielort erreichen.

Die Anzahl der Bäder richtet sich nach dem jeweiligen Arthrosestand und den damit verbundenen Beschwerden - ebenso die Badezeit.

Sie beträgt im allgemeinen - je nach ärztlicher Verordnung - 15 bis 30 Minuten.

Alle elektrotherapeutischen Maßnahmen sind an die ärztliche Verordnung gebunden und sollten nur von fachlich geschulten Therapeuten durchgeführt werden.

Welche elektrotherapeutischen Behandlungen speziell für Sie infrage kommen, müssen Sie mit Ihrem Arzt besprechen.

Neu aus den USA: Pulsierende-Signal-Therapie »PST® und EST®«

Eine neue, in den USA entwickelte Methode, mit der verschiedene Erkrankungen des Bewegungsapparates - wie z.B. Beschwerden an Gelenken, Sehnen, Bändern und Wirbelsäule - behandelt werden können, ist die Pulsierende-Signal-Therapie - kurz »PST« genannt, die in Arztpraxen eingesetzt wird.

Elektrische Felder können den Knorpel regenerieren

Man weiß heute, dass Gelenk-Arthrosen, entzündliche Erkrankungen - wie rheumatische Arthritis -, aber auch Sport- und Unfallverletzungen an Sehnen, Bändern und Gelenken zu einer Störung des körpereigenen elektrischen Feldes führen.

Diese Erkenntnisse macht sich die PST® zunutze, indem sie durch spezifische elektrische Felder die Knorpelzellen gezielt dazu anregt, sich zu regenerieren.

Lange Zeit ging man davon aus, dass ein geschädigter Knorpel nicht mehr nachgebildet wird, sich also nicht regenieren kann. Mittlerweile wurde jedoch festgestellt, dass eine Regeneration defekten Knorpelgewebes doch möglich ist.

Inzwischen gibt es auch Studien, die Hinweise geben, dass durch die Kombination einer »**NCO-Knorpel-Aufbau-Kur mit der pulsierenden Signal-Therapie**« tatsächlich die Produktion neuer Knorpelmatrix (Knorpelgrundmasse) aktiviert wird.

Die Behandlung in der Arztpraxis dauert etwa eine Stunde und besteht aus 9 bis 12 Anwendungen, die möglichst an aufeinander folgenden Tagen durchgeführt werden sollten.

Die pulsierende Signaltherapie hat sich als sehr effektiv gerade bei der Behandlung von Beschwerden an Gelenken, Sehnen, Bändern und der Wirbelsäule erwiesen.
Sie kann daher in folgenden Körperbereichen eingesetzt werden:

Im Schulter-, Ellenbogen- und Handbereich

- bei degenerativen und entzündlichen Gelenkerkrankungen -
  z.B. Arthrose und rheumatischer Arthritis

- bei Schulterbeschwerden -
  z.B. Schmerzen an Sehnen, Muskelansätzen, Kalkschulter und Werferschulter,

- bei Sehnenansatzbeschwerden - z.B. Tennisarm, Golferellenbogen und Sehnenscheidenentzündung

Im Kniebereich

- bei degenerativen und entzündlichen Gelenkerkrankungen - z.B. Arthrose und Arthritis, Überlastungssyndromen, Kniescheibenveränderungen und Meniskusbeschwerden

Im Wirbelsäulenbereich

- bei Abnutzungserscheinungen an der gesamten Wirbelsäule, der Wirbelgelenke und der Bandscheiben, Hexenschuss, Ischiasbeschwerden und Muskelverspannungen

Im Hals- und Nackenbereich

- bei Abnutzungserscheinungen, Schleudertrauma und Muskelverspannungen

Im Hüftgelenkbereich

- bei degenerativen Veränderungen, Arthrose und schmerzhaften Sehnenansätzen

Im Fuß- und Sprunggelenkbereich

- bei Achillessehnenreizung, Arthrosen, Fersensporn- und Spreizfußbeschwerden

Neben der Behandlung in der Arztpraxis kann eine Magnetfeldtherapie heute schon bequem zu Hause durchgeführt werden.

EST® - Magnetfeld-Matte für die Heimanwendung

Speziell für die Heimanwendung haben Mediziner und Forscher der Yale Universität in New Haven/Connecticut, USA, ein Therapiesystem* entwickelt, welches unter der Bezeichnung »EST®« Energie- und Signal-

* Bezugsquellennachweis auf Seite 144

Therapie nicht nur in den USA sondern inzwischen auch in Deutschland erfolgreich eingesetzt wird.

Die Anwendung zu Hause erfolgt im allgemeinen auf sogenannten Magnetfeld-Matten oder Magnetfeld-Kissen, bzw. Magnetfeld-Pads, die an ein Steuerungsgerät angeschlossen werden.

Für die lokale Anwendung bei starken Beschwerden gibt es spezielle Gelenk-, Hüft-, Rücken-, Schulter- und Intensiv-Applikatoren.

Für gezielte Anwendungen entwickelt: Spezielle EST-Applikatoren

EST-Kissen-Applikator zur punktuellen Anwendung am Rücken, Nacken und an der Hüfte

EST-Gelenk-Applikator zur punktuellen Anwendung am Knie, Arm und Fuß

Studien belegen, dass bei einem täglichen Einsatz über einen Zeitraum von 6 bis 8 Wochen eine deutliche Verbesserung der Gelenkfunktion und der Gelenkbeweglichkeit bei Arthrosepatienten festgestellt wurde - bei gleichzeitiger Schmerzreduzierung.

Wer ein solches Gerät kauft, sollte jedoch auf Folgendes achten:

Es gibt inzwischen Nachahmer, die Geräte und ähnlich lautende Anwendungsverfahren anbieten, die mit dem Original nichts zu tun haben und bei denen eine Wirkung nicht, oder nur bedingt, nachgewiesen werden kann.

Die medikamentöse Arthrosebehandlung

Das Ziel einer medikamentösen Arthrosebehandlung besteht in einer Schmerzlinderung, Entzündungshemmung und einer Funktionsverbesserung.

Jedoch: Hände weg von einer Langzeitbehandlung mit Schmerzmitteln!

Schmerzmittel sollten nur kurzfristig verwendet werden

Wenn, dann sollten Schmerzmittel nur kurzfristig in akuten Fällen für wenige Tage eingenommen werden.

Sie müssen sich eines vor Augen halten:
Schmerzmittel kurieren nur an den Symptomen, beseitigen aber nie die eigentliche Ursache des Schmerzes.
Die Arthrose selbst bleibt!

Alle Schmerzmittel, auch wenn sie völlig nebenwirkungsfrei sein sollten, bergen bei einer Arthrose die Gefahr in sich, durch Wegfall der Schmerzwarnung die Belastbarkeitsgrenze der Gelenke zu überschreiten - wodurch die Gelenke noch zusätzlich geschädigt werden.

Schmerzen sind grundsätzlich ein Warnsignal des Körpers!

Gegen Krankheiten des sogenannten »Rheumatischen Formenkreises«, zu dem die medizinische Fachwelt auch die Arthrose zählt, gibt es eine Vielzahl von Medikamenten. Nicht nur für den Laien, sondern auch für den Arzt ist das Angebot verwirrend und praktisch unüberschaubar.

In den letzten Jahren ist bekannt geworden, dass viele dieser Medikamente zu erheblichen Nebenwirkungen führen können und den Knorpelabbau sogar noch fördern.

Medikamente führen nicht selten zu erheblichen Nebenwirkungen und können den Knorpel schädigen

Viele Patienten glauben nun, dass andere »nicht verschreibungspflichtige« Medikamente gut verträglich seien und nicht schaden würden.

Dies ist leider meistens nicht der Fall. Man hat in ausführlichen klinischen Untersuchungen festgestellt, dass selbst altbewährte Medikamente gegen Gelenkerkrankungen zwar die Schmerzen nehmen, bzw. den Schmerz mildern und sogar Entzündungen heilen, aber den Knorpel selbst schädigen und das Fortschreiten der Arthrose noch erheblich beschleunigen können.

Nachfolgend sind solche Medikamente bzw. Wirkstoffe aufgeführt, die sich seit Jahren bewährt haben und - bei einer angemessenen Dosierung und einer nicht zu langen Anwendungszeit - gut verträglich sind.

Trotzdem sollen diese Medikamente, sofern sie zum Einnehmen bestimmt sind, nur in akuten Fällen - etwa bei einer aktivierten (entzündlichen) Arthrose - Anwendung finden.

Nichtsteroidale Antirheumatika (NSAR)

Die medikamentöse Therapie gegen Arthrose-Schmerzen, verbunden mit Entzündungen in der Gelenkmembran und dadurch bedingte Schwellungen, erfolgt mit sogenannten **NSAR-Präparaten** - darunter versteht man »**N**icht **S**teroidale **A**nti-**R**heumatika«. Medikamente also, die gegen Schmerzen und Entzündungen wirken, aber nicht cortisonhaltig sind.

Schmerzmittel mit entzündungshemmender Wirkung zum Einnehmen bei einer aktivierten Arthrose sind in Form von Tabletten, Dragees, Kapseln oder Zäpfchen in Ihrer Apotheke erhältlich - mit Wirkstoffen wie beispielsweise:

Ibuprofen, Diclofenac, Acetylsalicylsäure, Indometacin oder Piroxicam.

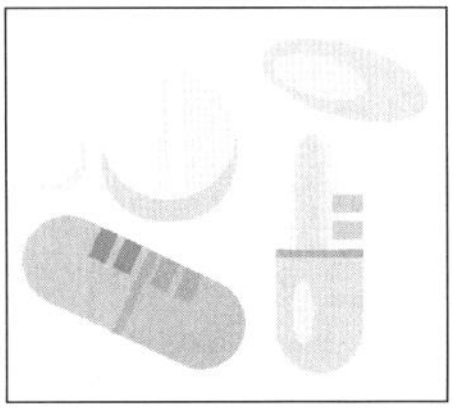

Einige dieser Wirkstoffe gibt es auch als Retart-Präparate. Diese Arzneimittel haben den Vorteil, dass der enthaltene Wirkstoff nicht unmittelbar, sondern kontunierlich - also nach und nach - über einen Zeitraum von 24 Stunden abgegeben wird. Daher genügt bei einer solchen Dareichungsform die Einnahme einer Kapsel pro Tag - **z.B. Dicofenac-retart, 100 mg**.

Wirken schmerzstillend und entzündungshemmend: NSAR-Präparate

NSAR-Präparate wirken schmerzlindernd und entzündungshemmend durch Unterdrückung der Prostaglandinbildung.

Als körpereigene Botenstoffe sind Prostaglandine nicht nur am Entzündungsprozess, sondern auch an der Schmerzentstehung in der Gelenkinnenhaut maßgeblich beteiligt.

Das therapeutische Ziel dieser Medikamente besteht darin, eine aktivierte bzw. eine aktuell schmerzhafte Arthrose in eine stumme Arthrose - also in einen Zustand ohne Beschwerden - zu überführen, damit wieder schmerzfreie oder doch zumindest schmerzarme Bewegungen möglich sind.

Erst dann kann und sollte - in Verbindung mit einer NCO-Knorpel-Aufbau-Kur - eine zielgerichtete Bewegungstherapie durchgeführt werden, um Knorpelernährung und Gelenkbeweglichkeit zu verbessern - wie ab Seite 125 beschrieben.

Bei einer nicht entzündlichen Arthrose, die rein »mechanisch« bedingte Schmerzen verursacht, eignen sich Schmerzmittel mit dem Wirkstoff Paracetamol. In den meisten Fällen genügen hier schon zwei Tabletten von je ca. 500 mg zur Schmerzbehebung.

Ratschlag der Autoren:
Nehmen Sie Schmerztabletten nie auf nüchternem Magen ein, sondern stets während oder nach einer Mahlzeit. Schlucken Sie die Tabletten mit viel Flüssigkeit herunter, am besten mit einem Glas Wasser - ca. 200 ml. **Nie mit Alkohol**, da hierdurch die Nebenwirkungen verstärkt werden.

Nicht viel hilft auch viel!
Passen Sie daher die Dosierung dem Ausmaß der Schmerzen an.

Nehmen Sie bei akuten starken Schmerzen ein starkes Mittel und bei abnehmenden oder leichteren Schmerzen ein entsprechend schwächeres Medikament.

Vermeiden Sie auf jeden Fall Überdosierungen, da diese stets zu ernsthaften Nebenwirkungen führen.

Neue Medikamente gegen Gelenkschmerzen

Seit kurzer Zeit wird viel über **sogenannte COX-2-Hemmer** mit den neu entwickelten Substanzen **Celecoxib** und **Refecoxib** berichtet, denen eine magenverträglichere Wirkung zugeschrieben wird, als den herkömmlichen NSAR-Präparaten. Ob dies tatsächlich zutrifft, wird die Praxis zeigen.

Externe Antirheumatika

Medikamente zur äußerlichen Anwendung bei einer aktivierten Arthrose

Gezielt einsetzbar: Salben und Gele

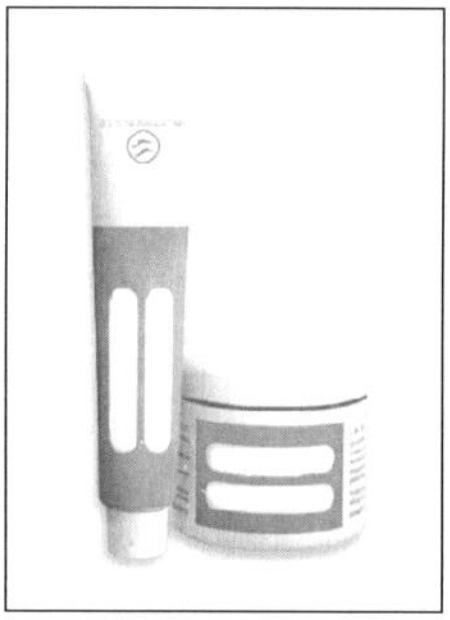

Der Vorteil von lokal anwendbaren Medikamenten, wie z.B. Salben oder Gelen, liegt gegenüber der innerlichen Einnahme darin, dass der Wirkstoff direkt dort eingesetzt wird, wo er gebraucht wird. Hierdurch werden die Nebenwirkungsmöglichkeiten, die über den Weg der Magen-Darm-Passage auftreten können, umgangen bzw. ausgeschaltet.

Es ist inzwischen wissenschaftlich belegt, dass die lokal eingesetzten Wirkstoffe die Haut bis in tiefere Gewebeschichten durchdringen - sogar bis in das kranke Gelenk hinein.

Da beim Einreibevorgang nur ein Teil des aufgetragenen Wirkstoffes an den Zielort gelangt - der Rest jedoch in den oberen Hautschichten verbleibt - sind die Wirkstoffmengen, die den »Ort des Geschehens« erreichen, zunächst geringer als die Mengen, die durch die Einnahme von Tabletten erzielt wird.

Durch die regelmäßig nachfolgenden Einreibungen kann sich aber eine Art »Wirkstoffdepot« aufbauen, so dass im Endeffekt, nach und nach, doch eine größere Wirkstoffmenge das kranke Gelenk erreicht.

Entzündungshemmende und schmerzlindernde Medikamente zum Auftragen für die lokale Therapie bei einer aktivierten Arthrose gibt es in Apotheken in Form von Salben, Gelen oder Sprays mit folgenden Wirkstoffen:

Diclofenac, Ibuprofen, Piroxicam, Flufenaminsäure, Ketoprofen und Felbinax.

Fragen Sie Ihren Apotheker nach entsprechenden Fertigpräparaten oder lassen Sie sich von Ihrem Arzt oder Apotheker beraten.

Als pflanzliche Entzündungshemmer für die lokale Behandlung haben sich auch Einreibungen mit Arnika und Beinwell bewährt.

Durchblutungsfördernde Medikamente zur äußerlichen Anwendung bei einer ruhenden, nicht aktiven Arthrose

Nichts für eine aktivierte Arthrose: Durchblutungsfördernde Wirkstoffe

Durchblutungsfördernde Mittel, die Sie äußerlich auf die schmerzenden Stellen auftragen, dürfen auf keinen Fall bei einer aktivierten, entzündlichen Arthrose verwendet werden, weil dadurch die Entzündungsaktivität nicht gemindert sondern noch wesentlich verstärkt würde.

Durchblutungsfördernde Wirkstoffe erwärmen das gelenkumgebende Gewebe dadurch werden

- schmerzhafte Verspannungen gelöst,
- das Knorpelgewebe wieder besser mit Nährstoffen versorgt,
- die Gleitfähigkeit der Gelenkschmiere erhöht,
- das Gelenk wieder beweglicher.

Bewährt haben sich folgende Wirkstoffe:

- Benzylnicotinat
- Salicylsäureverbindungen
- Nebennierenrindenextrakt
- Mucopolysacharid-polysulfal
- Nonivamid
- Nixoboxid

Auch rein pflanzliche Wirkstoffe* zeigen gute Erfolge - wie z.B:

- Kampfer
- Latschenkiefern-Öl
- Rosmarin-Öl
- Wintergrün-Öl
- Auszüge aus Cayenne-Pfeffer und spanischem Pfeffer
- Johanniskraut-Öl
- oder Wacholder-Öl

Diese Wirkstoffe sind als Fertig-Arzneimittel zum Auftragen auf die Haut erhältlich - als Einzel- und zum Teil auch als Kombinationspräparate.

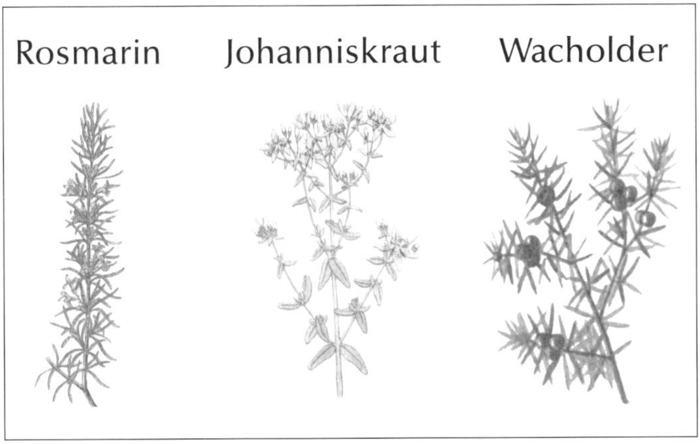

Seit vielen Jahrzehnten als Arzneimittel bewährt

* Bezugsquellennachweis auf Seite 144

Phyto-Therapeutika

Pflanzliche Mittel zum Einnehmen

Pflanzliche Präparate wirken im allgemeinen nicht so schnell, wie die bereits genannten NSAR-Präparate, sondern erst nach etwa 2 bis 4 Wochen. Voraussetzung ist eine regelmäßige Anwendung.

Dafür ist jedoch im Endeffekt mit einer längerfristigen Reduzierung der Beschwerden zu rechnen.

Wie gut sind pflanzliche Wirkstoffe?

Gegen Gelenkschmerzen und Gelenkentzündungen lassen sich zahlreiche pflanzliche Wirkstoffe einsetzen die, soweit jetzt bekannt ist, nebenwirkungsarm bzw. frei von Nebenwirkungen sind.

Ähnlich wie Schmerzmedikamente können auch pflanzliche Wirkstoffe Schmerzen und Entzündungen mildern, indem sie die Entstehung von Prostaglandinen hemmen.

Bewährt und durch verschiedene wissenschaftliche Untersuchungen abgesichert sind dies vor allem Zubereitungen als Kapsel, Tablette oder Tropfen - aus folgenden Pflanzen:

Teufelskralle

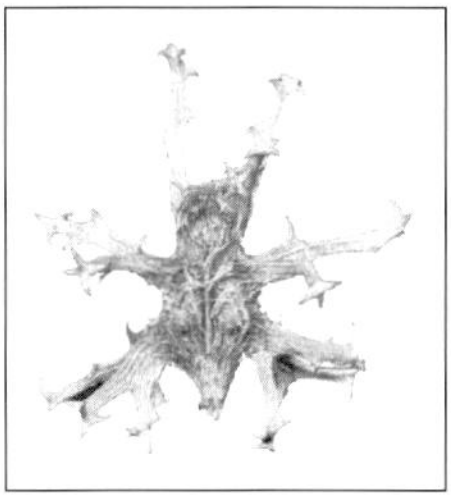

Bei längerfristiger Anwendung und in ausreichender Dosierung kann der Extrakt aus der afrikanischen Teufelskralle nicht nur Schmerzen lindern und Entzündungen hemmen, er verbessert auch die Beweglichkeit der betroffenen Gelenke und mindert die für Arthrose charakteristischen Anlaufbeschwerden sowie die »Morgensteifigkeit«.

Eine Besserung des Befindens kann erst nach 2 bis 4 Wochen regelmäßiger Einnahme (und ausreichender Dosierung) erwartet werden. Die Hauptwirkstoffe der Teufelskralle sind Iridoidglycoside, die allerdings nicht eine so große Wirkung erzielen, wie der Gesamtextrakt. Die wirksame Tagesdosis liegt bei 1,2 g Trockenextrakt.

Brennessel

Der Extrakt aus Brennesselblättern wirkt entzündungshemmend und schmerzlindernd, indem er die Bildung des Botenstoffes Interleukin 1 und die Bildung von Prostaglandinen hemmt.

Welche der vielfältigen Inhaltsstoffe des Heilkrautes dabei die entscheidende Rolle spielen, ist heute noch nicht bekannt.

Als wirksame Tagesdosis empfiehlt sich mindestens 1 g Trockenextrakt.

Die äußerliche Anwendung von Brennesselspiritus oder Brennesselsalbe kann die Behandlung unterstützen.

Weidenrinde

Neben dem Hauptwirkstoff Salicin, sowie weiteren Salicylaten, enthalten Extrakte aus der Weidenrinde Flavonoide und Gerbstoffe.

Die Inhaltsstoffe der Weidenrinde besitzen eine entzündungshemmende, schmerzlindernde und fiebersenkende Wirkung.

Daher eignen sich Weidenrinden-Extrakte nicht nur zur Behandlung der ruhenden sondern auch der entzündlichen Arthrose und der Arthritis.

Ein Vorteil gegenüber der synthetisch hergestellten Acetylsalicylsäure (ASS) besteht u.a. darin, dass der Weidenrinden-Wirkstoff Salicin sich erst in der Leber in Salicylsäure verwandelt und dadurch den Magen schont.

Wirksame Präparate sollten eine Tagesdosis von mindestens 120 mg bis 150 mg Gesamt-Salicin enthalten. Erst nach eingetretener

Besserung kann die Dosis reduziert werden, jedoch nicht unter 80 mg.

Weitere pflanzliche Mittel zum Einnehmen enthalten Wirkstoffe aus Gujakharz, Zitterpappelrinde, Eschenrinde oder Heisteria pallida - einer Heilpflanze aus dem Amazonasgebiet. Sie wirken ebenfalls schmerz- und entzündungshemmend.

Lassen Sie sich von Ihrem Apotheker beraten.

Ergänzende Therapie-Möglichkeiten mit Vitamin E, Omega-3-Fettsäuren, Enzyme und Antioxidantien

Vitamin E

ist ein Stoff, der aggressive Verbindungen - sogenannte Freie Radikale - die unter anderem auch direkt am Enzündungsort entstehen, abfängt und neutralisiert. Dadurch können zusätzliche Gelenkschäden verhindert und die Abheilung bestehender Gelenkentzündungen beschleunigt werden.

Zur Therapieunterstützung empfiehlt sich, zunächst für etwa 2 bis 3 Wochen, eine hohe Tagesdosis von mindestens 200 mg bis 800 mg. Danach genügt eine tägliche Dosierung von 100 mg - allerdings über mehrere Wochen oder Monate hinweg.

Omega-3-Fischöl*

* Bezugsquellennachweis auf Seite 144

Umfangreiche klinische Studien belegen, dass die in Fischöl enthaltenen Omega-3-Fettsäuren die Entzündungsneigung im Gewebe mindern, die Entstehung von Prostaglandinen hemmen und damit Entzündungen und Schmerzen lindern.

Außerdem wird die Durchblutung von Herz, Gehirn und Beinen gefördert.

Omega-3-Fettsäuren

- kräftigen die Herzmuskelzellen
- halten die Blutgefäße elastisch
- senken den Blutdruck
- hemmen die Gefahr von arterio-sklerotischen Veränderungen

Wirken entzündungs-hemmend und schmerzlindernd: Omega-3-Fettsäuren

Bei arthrotischen Beschwerden wird - abgestimmt auf den individuellen Bedarf - für einen Zeitraum von 2 bis 3 Wochen eine Aufnahme von vier bis acht Gramm Omega-3-Fettsäuren pro Tag (!) empfohlen.

Anmerkung: Diese Angaben beziehen sich auf die in Fischöl enthaltenen Omega-3-Fettsäuren - nicht auf Fischöl insgesamt. Sie müssen daher darauf achten, wieviel Prozent in dem jeweiligen Produkt enthalten sind. Die Eingangsdosis von 4 bis 8 Gramm Omega-3-Fettsäuren werden Sie daher nur mit einem **Liquid-Produkt** problemlos erreichen.

Danach sollte eine längerfristige Aufnahme von 2 g bis 3 g pro Tag erfolgen.

Omega-3-Fischöl gibt es als

- **Kapseln - mit einem Gehalt von 33% Omega-3-Fettsäuren**

sowie in flüssiger Form als

- **Liquid - mit einem konzentrierten Anteil von 75% Omega-3-Fettsäuren - geruchs- und geschmacksneutral.**

In dem Gesundheits-Ratgeber **»Keine Angst vor hohen Cholesterinwerten, Arteriosklerose, Herzinfarkt, Schlaganfall***« von Wolf A. Releiv, wird auf die gesundheitsfördernden Eigenschaften von Omega-3-Fettsäuren ausführlicher eingegangen.

Enzyme

haben sich sowohl bei funktionell bedingten Durchblutungsstörungen, als auch bei allen Krankheiten mit Entzündungsprozessen bewährt - so auch bei Arthrose.

Enzyme bauen nicht nur Zelltrümmer ab, die bei einer Entzündung im Gelenk ent-

* Bezugsquellennachweis auf Seite 144

stehen, sondern zerlegen gleichzeitig auch die Botenstoffe, die an der Schmerzentstehung beteiligt sind.

Allerdings muss damit gerechnet werden, dass am Anfang einer Enzym-Behandlung die Symptome sich noch verschlechtern können, bevor es zu einer Besserung kommt. Eine positive Wirkung tritt im Allgemeinen erst nach einer längeren Anwendung ein.

Am besten erforscht ist eine Enzym-Kombination bestehend aus: Trypsin, Chymotrypsin, Bromealin, Papain plus Rutin.

Antioxidantien und sekundäre Pflanzenstoffe*

Antioxidantien hemmen die Bildung von Freien Radikalen

Jede Entzündung ist mit einer erhöhten Bildung von sogenannten »Freien Radikalen« verbunden. So auch eine entzündliche bzw. aktivierte Arthrose.

Natürliche Antioxidantien hemmen die Entstehung von freien Radikalen und dadurch auch die an der Bildung von Entzündungsreaktionen beteiligten Lipidperoxide und Oxygenasen.

* Bezugsquellennachweis auf Seite 144

Zu den natürlichen Antioxidantien, deren Funktionen in den letzten Jahren ausführlich erforscht wurden, zählen unter anderem die antioxidativen Micronährstoffe Provitamin A, Vitamin C, Vitamin E, die Spurenelemente Selen und Zink sowie als bioaktive, secundäre Pflanzenstoffe: Polyphenole, Carotinoide, Flavonoide und OPC (Oligomere Procyanidine).

Freie Radikale sind mitverantwortlich für die Entstehung von Krankheiten

Freie Radikale greifen die Zellwand an

Erfolgreiche Abwehr durch Antioxidantien

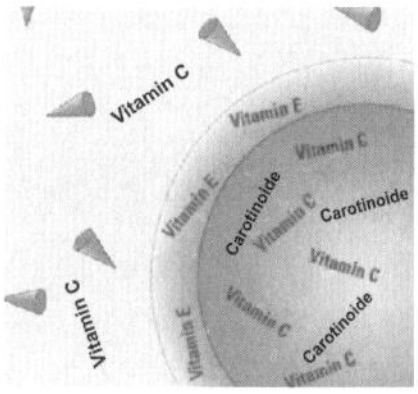

Krankheiten, an deren Entstehung Freie Radikale beteiligt sind:

- Arteriosklerose
- Krebs
- Katarakt (grauer Star)
- Altersabhängige Makuladegeneration
- Alzheimer-Krankheit
- Rheumatische Erkrankungen
- Arthrose
- Folgekrankheiten von Diabetes mellitus
- Parkinson-Krankheit
- Vorzeitige Hautalterung

Aufbau und Ernährung des Gelenkknorpels

Lange Zeit galten Arthrosen als unheilbar. Doch wenn Ihnen heute noch erklärt wird: »Sie haben eine Arthrose, da kann man nichts machen, damit müssen Sie leben!«, dann ist das in den meisten Fällen falsch.

Das belegen auch Erfahrungen ehemals Betroffener, die heute fast wieder vollkommen beschwerdefrei sind.

Arthrose ist keine Alterserscheinung

Die Arthrose ist auch keine Alterserscheinung, wie oft behauptet wird, sondern in erster Linie zunächst eine Mangelerscheinung, die sich in der Regel erst im Alter bemerkbar macht.

Immer häufiger sind jedoch bereits Menschen in jüngeren Jahren betroffen. Praktisch dann, wenn dem Knorpel nicht - seinen Belastungen entsprechend - die Stoffe in ausreichender Menge zur Verfügung gestellt werden, die er zum Aufbau und zur Erneuerung benötigt - also Nährstoffe.

Der Knorpelaufbau

Chondrozyten: Verantwortlich für den Knorpelaufbau

Der Knorpel wird von den Knorpelzellen, den sogenannten Chondrozyten aufgebaut. Sie bilden eine gelartige Matrix, den eigentlichen Knorpel. Die Hauptbestandteile der Knorpelmatrix sind Kollagenfasern und Proteoglycane.

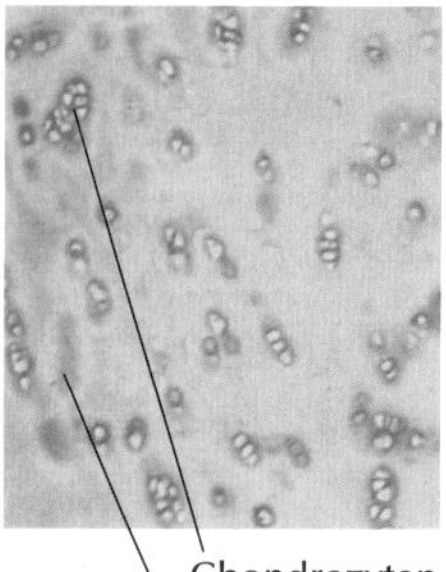

Während die Kollagenfasern das Rahmengerüst bilden, das dem Knorpel Stabilität, Elastizität und Struktur verleiht, sind die Proteoglycane durch ihre Fähigkeit, Wasser aufzunehmen und zu speichern, für Elastizität und Stoßdämpfung verantwortlich. Weitere Bestandteile der Knorpelmatrix sind unter anderem: Hyaluronsäure, Glycosaminoglycane, Chandroitinsulfat, Lipide und Proteine.

Der Knorpel hat keine eigenen Blut- und Lymphgefäße

Bekanntlich wird die Ernährung aller Organe und Gewebe durch Blutgefäße sichergestellt. Weniger bekannt ist jedoch, dass der Gelenkknorpel in dieser Beziehung eine Außenseiterrolle spielt; er ist eben nicht direkt an das Versorgungssystem der Blutgefäße angeschlossen.

Sein Stoffwechsel muss stattdessen - indirekt - durch einen Säfteaustausch erfolgen, was natürlich eine viel kompliziertere und weniger auf momentane Belastungen reagierende Ernährungsbasis darstellt. Denn der Gelenkknorpel muss seine Nährstoffe aus der ihn umspülenden Körperflüssigkeit, der Gelenkschmiere, aufnehmen - oder besser gesagt: »aufsaugen«.

Da beim Stoffwechsel auch Schlackenstoffe anfallen, müssen diese nicht mehr verwendbaren Endprodukte auch auf diesem Wege des Austausches über die Gelenkschmiere ins Blut herausgeschleust werden.

Querschnitt eines Gelenkes

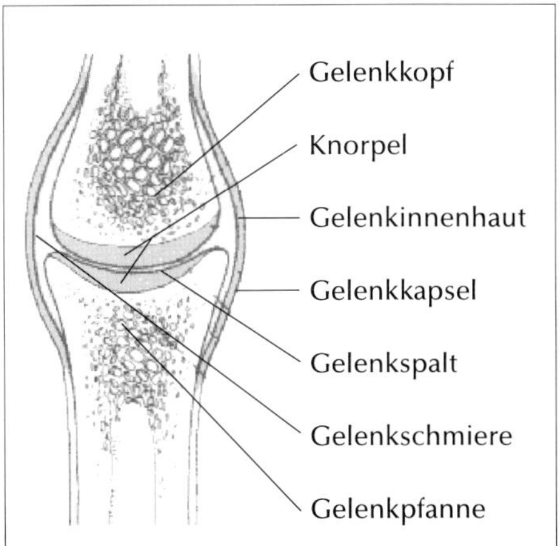

Zur besseren Verdeutlichung dieses Vorgangs schauen wir uns noch intensiver den Aufbau und die Austauschprozesse in den Gelenken an: Der Gelenkknorpel enthält, wie bereits erwähnt, keine Blutgefäße, die Nährstoffe an ihn heranführen könnten. Deshalb muss sich die Natur anders helfen!

Die mit dem Blut transportierten Knorpelnährstoffe können nur bis in die Gelenkinnenhaut, der Synovialis, transportiert werden, da die feinen Blutgefäße (Kapillare), die für diesen Transport zuständig sind, in der Gelenkinnenhaut enden.

Die Gelenkinnenhaut wiederum ist verantwortlich für die Produktion von Gelenkflüssigkeit, der Synovia - auch Gelenkschmiere genannt - und für die Verteilung der über die Kapillare erhaltenen Knorpelnährstoffe.

Die Knorpelnährstoffe werden zunächst mit der Gelenkschmiere vermischt und dann an die Gelenkflächen ausgestoßen.

Erst durch Bewegungen des Gelenkes gelangt die mit Nährstoffen angereicherte Gelenkschmiere zwischen beide Gelenkflächen, die nun - praktisch gut geschmiert - reibungslos aufeinander gleiten.

So gelangen die Nährstoffe an den Knorpel heran

Bei jeder Bewegung des Gelenkes werden nun die Nährstoffe in den Knorpel hineingepresst bzw. von ihm »aufgesaugt«. Im Knorpel werden sie von den Knorpelzellen (Chondrozyten) aufgenommen und zu neuer Knorpelmasse verarbeitet.

Muss ständig erneuert werden: die Knorpelmasse

Die Produktion immer neuer Knorpelmasse ist erforderlich, weil sich natürliche Alterungsprozesse einstellen - vor allem in der Fähigkeit der Stützstruktur, Wasser zu binden. Dadurch verringert sich die Elastizität des Knorpels und die Reibung an den kleinen Flächen nimmt zu.

Bei einem gesunden Gelenkknorpel und bei dessen durch viel Bewegung gesicherte Ernährung wird sämtlicher Knorpel eines Gelenkes etwa alle 300 bis 400 Tage ersetzt.

Die verbrauchten Teile des Knorpels werden mittels eines Enzyms, der Collagenase, aufgelöst und als Schlacke über die Gelenkschmiere und die Kapillaren zurück ins Blut abtransportiert.

Wenn nun ein Gelenk nicht intensiv genug bewegt wird und damit das Nährstoffangebot nicht ausreicht, wird entweder mehr Knorpelmasse abgebaut als neue produziert oder die Fähigkeit der Knorpelmasse, Wasser zu binden, nimmt wegen der Überalterung der Knorpelmasse (nicht des Menschen an sich!) ab.

Fazit: Die Elastizität der Knorpelmasse nimmt ab, die Knorpelmasse verdichtet sich und wird spröde. Die Gleiteigenschaften werden dadurch zwangsläufig schlechter.

Spröder Knorpel mit Ablösungen

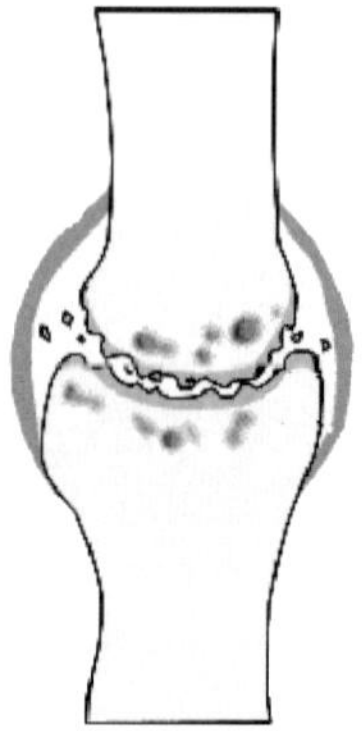

Wenn sich jetzt die Gelenkflächen gegeneinander bewegen, kann dies nicht mehr so reibungsfrei geschehen. Aus dem »spröde« gewordenen Knorpel lösen sich unter Belastung kleine Teilchen. Sie vagabundieren zwischen den beiden Gelenkflächen, so dass sich bei andauernden belastenden Bewegungen nun noch mehr Knorpelteilchen losreißen können.

Dadurch wird allmählich die Knorpeloberfläche unregelmäßig und rau. Einzelne Stellen werden auf diese Weise stärker belastet und diese Belastung wiederum wirkt sich auf die Knochenhaut aus.

In der Knochenhaut liegen Nerven, die - bei Druck - durch Schmerzauslösung »Alarm« schlagen.

Der Mensch reagiert auf den Schmerz und bewegt das Gelenk weniger, bzw. stellt es ruhig oder bewegt es gar nicht mehr.

Damit jedoch erhält es noch weniger Gelenkschmiere. Die Reibungsintensität erhöht sich noch mehr und die Knorpelzerstörung bei Bewegung unter Belastung ebenfalls.

Auf den ersten Blick gesehen erscheint dies nun als Teufelskreis, als unumkehrbarer Prozess. **Und genau das stimmt nicht!**

Denn solange noch genügend Knorpelzellen vorhanden sind, bleibt die Möglichkeit bestehen, den Knorpel durch eine erhöhte und gezielte Zufuhr von Knorpelnährstoffen allmählich über seinen natürlichen Regenerationsprozess wieder aufzubauen.

Der Schlüssel für eine erfolgreiche Verhütung und Bekämpfung der Arthrose liegt in der Erkennung der Stoffwechselvorgänge in den Knorpelzellen

Welche Erkenntnisse haben wir bisher gewonnen?
Wir wissen jetzt: »Der Knorpel lebt!«

Er ist kein totes Gebilde, wie vielfach angenommen bzw. vermutet wird. Daher müssen Knorpelzellen laufend mit Nährstoffen versorgt werden, um neues Knorpelmaterial produzieren zu können.

Denn genauso wie die Haut, die sich ständig erneuert und »verbrauchtes Material« in ihre Oberfläche abstößt (in Form von Schuppenbildung), so verbraucht sich auch die Knorpeloberfläche.

Gesunde, mit genügend Nährstoffen versorgte Knorpelzellen sorgen für ausreichenden Nachschub neuer Knorpelmasse, die etwa alle 300 bis 400 Tage erneuert wird.

Da die Zusammensetzung des gesunden Knorpels heute weitgehend bekannt ist, ergibt sich somit auch die Möglichkeit, mit geeigneten Aufbaustoffen - besonders mit NCO-Peptiden - in den Knorpelstoffwechsel einzugreifen.

Und eben hier liegt der Schlüssel für den eigentlichen Erfolg bei der Arthrosebehandlung - sowohl zur rechtzeitigen Verhütung, als auch zur direkten und wirkungsvollen Bekämpfung der Arthrose.

Oberstes Ziel ist es, den Knorpelabbau aufzuhalten

Das oberste Ziel aller Maßnahmen in der Arthrosetherapie muss daher sein, den Abbau der Knorpelfläche des Gelenkes aufzuhalten, zu stoppen oder im fortgeschrittenem Stadium zumindest wesentlich zu verzögern.

Das Absterben der Knorpelzellen muss verhindert werden. Daher ist es wichtig, schon frühzeitig - also prophylaktisch - dafür zu sorgen, einen möglichst großen Bestand an Knorpelzellen zu erhalten.

Man spricht in diesem Zusammenhang von einer knorpelprotektiven (knorpelschützenden) Behandlung.

Neue Heilungschancen durch Knorpel-Aufbau-Stoffe

Eine protektive Therapie der knorpelschützenden und knorpelaufbauenden Behandlung zur Förderung der körpereigenen Herstellung von Knorpelgrundstoffen sollte von jetzt an Schwerpunkt allen ärztlichen Handelns sein.

Ziel einer solchen Therapie mit Chondroprotektiva oder Antiarthrotika (Knorpelschutz- und Knorpelaufbaumittel) ist es:

1. den Knorpelstoffwechsel anzuregen

2. den Knorpel zu stabilisieren

3. die Struktur des Knorpels zu festigen und zu stärken

Eindrucksvolle Erfolge durch Nährstoff-Komplexe mit NCO-Peptiden

Besonders eindrucksvolle und überzeugende Erfolge konnten, wie neueste Forschungsergebnisse und umfangreiche klinische Studien eindeutig belegen, mit Nährstoff-Komplexen erzielt werden, die ganz spezielle Bausteine des Knorpelstoffwechsels - **wie z.B. NCO-Peptide** - enthielten.

Diese Studien, die auch in den Literaturhinweisen ab Seite 139 angeführt sind, wurden bei verschiedenen Altersgruppen durchgeführt und brachten folgende Ergebnisse:

1. Bei Knorpelveränderungen und Abnutzungs-Arthrosen:

Sowohl bei jüngeren Patienten mit Knorpelveränderungen und einem Durchschnittsalter von 32 Jahren, als auch bei der Altersgruppe von durchschnittlich 62 Jahren - mit deutlichen Abnutzungs-Arthrosen sowie rheumatischen Erkrankungen - konnten deutlich positive therapeutische Effekte erreicht werden.

Diese kontrollierten Studien belegen, dass sich nicht nur die allgemeine Befindlichkeit der Arthrose-Patienten verbesserte sondern auch die Beweglichkeit und Funktionsfähigkeit der betroffenen Gelenke - verbunden mit einer nachlassenden Schmerzempfindung.

2. Bei osteoarthrotischen Beschwerden:

Bereits nach 2 Monaten kam es zu einer Verringerung der Schmerzscoresumme und insbesondere des Analgetikaverbrauchs. Bei mittlerem Schweregrad der Erkrankung kam es im Verlauf von 6 Monaten zu einer signifikanten Abnahme aller subjektiven Beschwerden.

3. Bei Arthrose, allgemeinen rheumatischen Beschwerden und Osteopatien

Alle Patienten wiesen signifikant positive Behandlungsergebnisse auf, insbesondere hinsichtlich Schmerzempfindung und der Beweglichkeit. Es ergab sich eindeutig eine zunehmende Verbesserung der Funktionalität, Bewegung und Streckung.

Bei 81% der Behandelten war bei degenerativen Prozessen im Bereich des Bewegungs- und Stützsystems eine deutliche Besserung feststellbar.

Die Möglichkeit zur Gesundung, also zur Regeneration des Knorpels, hängt jedoch ausschließlich davon ab, wieviel gesunde Knorpelzellen noch in der verbleibenden Knorpelmasse vorhanden sind.

Sind noch genügend Knorpelzellen vorhanden, ist eine Regeneration des Knorpels leichter möglich

Die Nährstoffaufnahme eines geschädigten, versprödeten Knorpels kann wegen der geringeren Anzahl von Knorpelzellen nur erheblich langsamer erfolgen, als bei einem gesunden Knorpel.

Deshalb ist keinesfalls damit zu rechnen, dass eine Arthrose, die in Jahren oder gar Jahrzehnten entstanden ist, in einigen Wochen oder wenigen Monaten völlig verschwindet.

Beschwerdefreiheit ist jedoch - je nach Grad der Knorpelzerstörung - in relativ kurzer Zeit schon zu erreichen.

Was sind NCO-Peptide?

NCO-Peptide sind rein biologische Knorpel-Aufbau-Stoffe

NCO-Peptide* sind natürliche biomolekulare Bausteine, die in ihrer Zusammensetzung denen des menschlichen Knorpels gleichen.
Sie sind kein Arzneimittel, sondern rein biologische Knorpel-Nähr- und Knorpel-Aufbaustoffe - ohne Nebenwirkungen. Die spezielle Aminosäurezusammensetzung der NCO-Peptide ist aus ernährungsphysiologischer Sicht für die Regeneration und den Stoffwechsel des Knorpelgewebes von großer Wichtigkeit.

NCO-Peptide

- schützen vor degenerativen Gelenkerkrankungen
- unterstützen die Funktionsfähigkeit der Gelenke und verbessern die Beweglichkeit
- regen die Knorpelbildung an
- verbessern die »Schmiereigenschaften« der Gelenkflüssigkeit
- fördern reparative Prozesse im Gelenk
- verleihen Sehnen und Bändern Elastizität und Festigkeit

* Bezugsquellennachweis auf Seite 144

NCO-Peptide können - durch ihre niedermolekulare Peptidstruktur - die Bioschranken des Körpers passieren und somit auch an den vorgesehenen Wirkort - den Gelenkknorpel - gelangen, der ja bekanntlich nicht durchblutet, sondern ausschließlich durch Diffusion »ernährt« wird.

Gelangen gezielt an den vorgesehenen Wirkort: NCO-Peptide

In verschiedenen, unabhängig voneinander durchgeführten Studien konnte nachgewiesen werden, dass diese durch orale Applikation (Einnahme) zugeführten niedermolekularen Peptide nicht nur im Blutplasma von Versuchspersonen vorhanden waren, sondern auch tatsächlich - und das ist der entscheidende Punkt überhaupt -, an den Gelenkknorpel gelangen und in den Gelenkknorpel eingebaut werden.

Weitere Untersuchungsergebnisse bestätigen ferner, dass durch die Zufuhr dieser niedermolekularen Bausteine die Knorpelsynthese (Knorpelaufbau) eines geschädigten Knorpels - im Vergleich zu einem normalen gesunden Knorpel - wesentlich erhöht wird.

Die positiven Auswirkungen einer Knorpel-Aufbau-Kur mit NCO-Peptiden bei degenerativen Gelenkerkrankungen (Arthrosen) konnten durch umfangreiche Therapiestudien eindeutig bestätigt werden.

Besonders gute Behandlungsergebnisse haben sich in der Kombination von physiotherapeutischen Behandlungen mit einer NCO-Knorpel-Aufbau-Kur gezeigt.

Brachten hervorragende Ergebnisse: kombinierte Anwendungen

Mit dieser Kombination wird erreicht, dass wesentlich mehr als die übliche Nährstoffmenge an den Knorpel herangeführt wird und von den Knorpelzellen aufgenommen werden kann.

Hierdurch wird die Ernährungssituation der Knorpelzellen erheblich verbessert und somit deren Regenerationsfähigkeit wesentlich erhöht, so dass Schäden wieder repariert werden und sich neue Knorpelmasse aufbauen kann.

Bewährt haben sich Kombinations-Anwendungen bei:

- Hüftgelenk-Arthrose (Cox-Arthrose)
- Kniegelenk-Arthrose (Gon-Arthrose)
- Degeneration des Knorpels der Kniescheibe (Chondropathia patellae)

- Arthrosen in den Fingergelenken (Polyarthrosen)
- Degenerative Erkrankungen im Bereich der Wirbelsäule-Wirbelgelenk-Arthrose (Morbus Scheuermann)

Weiterhin haben sich kombinierte Anwendungen bewährt bei:

- Überlastungsschmerzen in den großen Gelenken - nach übermäßiger sportlicher oder beruflicher Belastung
- verletzungsbedingten Knorpelschäden durch Unfall, Operation etc.

Arthrose-Prophylaxe

Kann eine Arthrose verhindert werden?

Eine Arthrose entsteht, wie Sie bereits an anderer Stelle lesen konnten, nicht von heute auf morgen, sondern langsam, fast schleichend über viele Jahre. Sie verursacht zunächst auch keine Schmerzen oder anderweitige Erkennungsmerkmale.

Und eben darin liegt die große Gefahr.

Sind Warnzeichen: Spannungsgefühle in den Gelenken

Erst wenn an irgendeiner Stelle der Knorpel einen Teil seiner Grundsubstanz nahezu ganz verliert und quasi »mürbe« wird, treten die ersten »arthrotischen« Erkennungsmerkmale auf, wie z.B. eine gewisse Steifheit, verbunden mit einem Spannungsgefühl in den betroffenen Gelenken, Morgensteifigkeit nach dem Aufstehen, Anlaufschmerz oder Ermüdungsschmerz nach längerem Gehen oder Stehen.
Daher kann nicht oft genug betont werden: Die beste Behandlung ist die Vorbeugung!

Die von den Autoren empfohlene, einfach und problemlos durchführbare Arthrose-Vorbeugung besteht im wesentlichen aus 3 Punkten:

Punkt 1

Optimierung der spezifischen Stoffwechselvorgänge im Knorpelgewebe durch NCO-Peptide.

Das kann z.B. durch zwei Knorpel-Aufbau-Kuren pro Jahr geschehen - über einen Zeitraum von jeweils 3 Monaten. Je früher Sie mit einer solchen Kur beginnen, desto größer sind die Chancen auf ein Leben ohne Arthrose.

Daher ist es extrem wichtig, schon frühzeitig - noch in den sogenannten »besten Jahren« - dem Knorpel genügend und geeignete Nährstoffe zuzuführen, die ihn in seiner Regenerationsfähigkeit unterstützen und ihn so vor Abrieb und Verlust von Knorpelsubstanz schützen.

Punkt 2

Ausreichende Bewegung ohne starke Belastung.

Nur durch ausreichende Bewegung können genügend Nährstoffe an den Gelenkknorpel gelangen, wie im Kapitel »Die Knorpelernährung« beschrieben wird.
Darauf sollte gerade bei der Durchführung einer NCO-Knorpel-Aufbau-Kur unbedingt geachtet werden.

Regelmäßige und ausreichende Bewegung - in Verbindung mit einer NCO-Knorpel-Aufbau-Kur

- fördert die optimale Ernährung Ihrer Knorpel und somit deren Regenerationsfähigkeit
- verhindert, dass Ihre Gelenke steifer und unbeweglicher werden
- stärkt die das Gelenk schützenden und stabilisierenden Muskeln, Sehnen und Bänder
- verbessert - ganz allgemein - Ihre Gesundheit, Fitness und Lebensfreude

Gut für die Gelenke: Radfahren

Zu den »gelenkfreundlichen« und belastungsarmen Bewegungsformen zählen unter anderem:
Radfahren - bei richtig eingestellter Sattelhöhe und nur in ebenem Gelände(!),
leichte gymnastische Übungen - auch an Geräten,
Nordic-Walking (Wandern mit zwei Wanderstöcken) und **Ski-Langlauf**.

In erster Linie jedoch werden von den Autoren besonders alle Wasseranwendungen empfohlen -

wie Schwimmen, Wassergymnastik, Whirlpoolaufenthalte, Aqua-Jogging, Thalasso- und Thermal-Bade-Kuren - wie auf den Seiten 59 bis 65 beschrieben.

Besonders zu empfehlen sind alle Arten von Wasser-anwendungen

Alles ohne Übertreibung - mit Maß und Ziel.

Im Volksmund gibt es zwei Spruchweisheiten - die, gerade im Hinblick auf die Gesunderhaltung unserer Gelenke, auch heute noch zutreffen.
Die erste lautet: »Wer rastet, der rostet« und die zweite sagt: »Allzuviel ist ungesund«.

Mit anderen Worten: Bewegungsmangel ist ebenso arthrosefördernd, wie eine ständig oder häufig zu hohe oder einseitige Gelenkbelastung.

Rat der Autoren:
Zwingen Sie sich aber nicht ein Bewegungsprogramm auf, das Ihnen keine Freude bereitet. Denn dann werden Sie es bestimmt nicht regelmäßig durchführen, was jedoch wichtig ist.

Punkt 3

Ausschaltung aller Risikofaktoren, die eine Arthrose fördern, begünstigen oder beschleunigen können - wie z.B.:

Gift für die Gelenke: Jogging

Bewegungsmangel, Übergewicht, Fehlbelastungen, ungünstige Arbeitshaltung, ständige Überbelastungen oder übertriebene sportliche Aktivitäten - auch bei »Trimm-Dich-Aktionen« oder beim Freizeitsport.

So ist z.B. Joggen, vor allem auf harten Untergrund, nicht nur äußerst gelenkbelastend sondern geradezu »Gift« für die Gelenke.

Über 50% aller Jogger, so die Statistik, haben - oder bekommen im Laufe der Zeit - ernsthafte Gelenkprobleme.

Ähnlich verhält es sich auch bei anderen Freizeitsportarten, wenn falscher Ehrgeiz und Selbstüberschätzung Oberhand gewinnen.
Zu nennen sind hier: Fußball, Handball, Basketball, Tennis, Badminton, Leichtathletik, Kraftsport, Bergsteigen oder alpines Skifahren - wie z.B. Skiabfahrtsläufe.

Gleichmäßige Bewegungsabläufe hingegen - ohne Stoßbelastung und ohne starke Belastung - sind geradezu Balsam für die Gelenke.

Die Arthrosebehandlung

Eine oft gestellte Frage lautet:
Welche Arthrose-Therapie ist die Beste?

Diese Frage lässt sich eigentlich nicht beantworten. Denn jeder Betroffene reagiert nicht nur anders, sondern hat auch eine andere Krankengeschichte. Daher muss stets eine individuelle - auf den jeweiligen Arthrosezustand abgestimmte - Behandlung erfolgen.

Zur Erzielung optimaler therapeutischer Ergebnisse ist es bei einer bereits bestehenden Arthrose sinnvoll, eine NCO-Knorpel-Aufbau-Kur zunächst nicht als alleinige Maßnahme einzusetzen, sondern mit physiotherapeutischen Anwendungen zu kombinieren.

Die in diesem Ratgeber vorgestellten Anti-Arthrose-Konzepte bieten die Möglichkeit, eine dem jeweiligen Arthrosestadium angepasste Therapie-Kombination zu entwickeln.

Wenn Sie schon seit längerer Zeit von einer arthrotischen Gelenkerkrankung betroffen sind, müssen Sie sich stets vor Augen halten, dass die durch eine Arthrose entstandenen Knorpelschäden nur sehr langsam und nicht von heute auf morgen wieder zu beheben sind.

Knorpelschäden sind nicht von heute auf morgen zu beheben

Nur mit Ausdauer und Beharrlichkeit erreichen Sie das angestrebte Ziel, die Schmerzen auszuschalten, den »Gelenkverschleiß« zu stoppen sowie die Gelenkbeweglichkeit zu verbessern.

Wie Sie bereits an anderer Stelle dieses Buches lesen konnten, handelt es sich bei einer Arthrose in erster Linie um eine Fehlregulation des Knorpelstoffwechsels, wodurch mehr Knorpel ab- als aufgebaut wird. Diese »Entgleisung« wieder zu beseitigen, muss daher das erste Ziel einer Arthrosebehandlung sein.

NCO-Peptide können, wie praktische Erfahrungen und biochemische Erkenntnisse belegen, den Knorpelstoffwechsel (Chondrozytenstoffwechsel) verbessern und damit den Knorpelaufbau in den Gelenken unterstützen.

Daher sollte - gewissermaßen als Basistherapie - zunächst auch mit einer NCO-Knorpel-Aufbau-Kur begonnen werden, entsprechend den Einnahmeempfehlungen.

Hierbei müssen Sie jedoch stets berücksichtigen, dass nur durch ausreichende Bewegung genügend Nährstoffe an den Gelenkknorpel gelangen - wie im Kapitel »Die Knorpelernährung« beschrieben. Bei Bewegungsmangel »verhungern« die Gelenke.

Allerdings darf ein arthrotisches Gelenk nur sanft bewegt werden. Die Form der Bewegung muss daher so gewählt werden, dass einerseits das erkrankte Gelenk nur ganz leicht belastet wird, andererseits die Bewegung ausreichend ist, um genügend Nährstoffe in das erkrankte Gelenk zu »pumpen« und gleichzeitig Muskeln, Sehnen und Bänder zu kräftigen.

Optimal: Bewegung in warmem Wasser

Die optimalste Bewegungsform die - in Verbindung mit einer NCO-Knorpel-Aufbau-Kur - diese Aufgaben erfüllt, ist die Bewegung in warmem Wasser, wie auf den Seiten 59 bis 68 ausführlich beschrieben und von den Autoren besonders empfohlen wird.

Dazu gehören in erster Linie Wassergymnastik, Whirlpoolaufenthalte, hydroelektrisches Bad, Aqua-Jogging, Thalasso- und Thermal-Badekuren oder - einfach nur Schwimmen.

Verschiedene der aufgeführten Anwendungen können Sie auch ohne ärztliche Verordnung in Eigeninitiative durchführen - bzw. nach Abschluss der ärztlich verordneten Maßnahmen weiterführen.

Gerade bei der Wasser-Therapie gibt es viele Möglichkeiten, um eine ganz individuelle und auf den jeweiligen Arthrosestand abgestimmte Behandlungsform - unter Einbeziehung einer NCO-Knorpel-Aufbau-Kur - zu finden.

Ratschlag der Autoren:
Bei einer bereits bestehenden Arthrose sollten die Empfehlungen im Kapitel »Arthrose-Prophylaxe« auf den Seiten 117 bis 120 - unter den Punkten 2 und 3 - beachtet und möglichst auch beherzigt werden.

Auch die Kombination einer Knorpel-Aufbau-Kur mit hydroelektrischen Bädern - oder der pulsierenden Signaltherapie - führt zu positiven therapeutischen Ergebnissen.

Die Knorpel-Aufbau-Kur nach Feldhaus-Releiv

Die von den Autoren entwickelte Knorpel-Aufbau-Kur besteht aus einer Kombination von NCO-Peptiden und einer speziell auf den Knorpelstoffwechsel abgestimmten Dosierung von Vitaminen und Mineralstoffen.

Die folgende Grafik soll die 3 Säulen der Knorpelernährung verdeutlichen:

Neu entwickelt: Die Knorpel-Aufbau-Kur

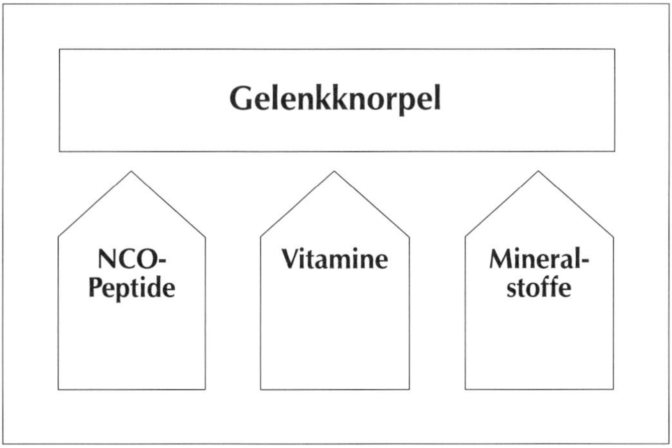

1. Säule: NCO-Peptide

Die NCO-Peptide liefern wichtige Grundbausteine für den Aufbau des collagenen Rahmengerüstes, das dem Knorpel Struktur, Stabilität und Elastizität verleiht. Gleichzeitig stimulieren sie, wie neuere Untersuchungen zeigen, als sogenannte Wachstumsfaktoren die Neusynthese von Knorpel-Matrix - also die Knorpelneubildung.

2. und 3. Säule: Vitamine und Mineralstoffe

Alle Stoffwechselprozesse im Knorpel sind darüber hinaus auch auf ein ausreichendes Angebot entsprechender Vitamine sowie Mineralstoffe und Spurenelemente angewiesen, die an der Regulation und an der Synthese der Knorpel-Grundsubstanz beteiligt sind.

Ein Mangel an Knorpel-Nährstoffen führt zu einer Schädigung der Knorpelzellen

Bei einem länger andauernden Mangel an Knorpel-Nährstoffen kommt es unweigerlich, wie bereits an anderer Stelle dieses Buches beschrieben, zu einer Schädigung der Chondrozyten (Knorpelzellen) und dadurch bedingt zu einer unvollständigen Knorpelbildung mit all ihren negativen Folgen.

Nur ein ausreichendes und auf den Knorpelstoffwechsel abgestimmtes Nährstoffangebot kann die Ernährungssituation der Knorpelzellen sichern und verbessern, so dass diese über ihre eigene Regenerationsfähigkeit wieder in der Lage sind, Schäden zu reparieren und neue Knorpelmasse aufzubauen.

Dass es sich bei all diesen Ausführungen nicht nur um rein theoretische Überlegungen handelt, belegen u.a. die im Rahmen einer Patienten-Umfrage ermittelten Ergebnisse.

Umfrage-Ergebnisse bestätigen den Erfolg

An 300 Patienten mit unterschiedlichen Arthrosen wurde per Fragebogen* in den Jahren 2002 und 2003 die Wirksamkeit der Knorpel-Aufbau-Kur nach Feldhaus-Releiv überprüft.

Die Tagesdosis der Fertigmischung des Knorpel-Nährstoff-Komplexes betrug 15 Gramm (= 1 Messlöffel) und war - aufgelöst in Fruchtsaft - entweder vor oder nach dem Frühstück einzunehmen.

Die Fragen und Antworten lauteten:

Frage 1	Nehmen Sie den Komplex täglich ein?
Ergebnis	90% antworteten mit ja 10% antworteten ab und zu - bzw. 2 bis 3 mal wöchentlich
Frage 2	Zu welcher Tageszeit erfolgt die Einnahme?
Ergebnis	94% antworteten morgens 6% machten unterschiedliche Angaben
Frage 3	Wie oft nehmen Sie den Komplex täglich ein?
Ergebnis	89% antworteten 1 mal täglich 11% antworteten 2 mal täglich - morgens und abends

Frage 4	Erfolgt die Einnahme vor oder nach einer Mahlzeit?
Ergebnis	81% antworteten vor einer Mahlzeit 19% antworteten zwischen den Mahlzeiten
Frage 5	Mit welcher Flüssigkeit erfolgt die Einnahme?
Ergebnis	47% nannten Fruchtsaft 25% nannten Wasser 9% nannten Kaffee oder Tee 19% nannten unterschiedliche Getränke
Frage 6	Sind Ihre Beschwerden nach der Einnahme besser geworden?
Ergebnis	78% antworteten mit ja, davon machten 32% zusätzlichen Bemerkungen - wie z.B.: wesentlich, merklich, beschwerdenfrei
Frage 7	Wie lange erfolgte die Einnahme, bis sich eine Besserung einstellte?
Ergebnis	60% nannten 4 bis 12 Wochen 20% nannten 13 bis 24 Wochen 20% gaben einen längeren Zeitraum an
Frage 8	Sind Sie mit der Wirkung zufrieden?
Ergebnis	85% antworteten mit ja, bzw., gaben ergänzende Antworten - wie: Ich fühle mich wohler, mein Allgemeinbefinden hat sich verbessert, die Haare und Fingernägel wachsen besser

*Die ausgewerteten Fragebogen liegen dem Verlag vor

In welcher Dosierung und wie lange sollte der von den Autoren entwickelte Knorpel-Nährstoff-Komplex eingenommen werden?

Anwendungsempfehlung für die NCO-Knorpel-Aufbau-Kur

Nach den vorliegenden Erfahrungen sind folgende Dosierungen und Behandlungszeiträume als Richtwerte anzusehen:

1. Arthrose-Vorbeugung
Dosierung: In den ersten 4 Wochen 20 g täglich, danach auf 15 g täglich reduzieren.
Kurdauer: 3 Monate, 2 mal jährlich.

2. Bei einer beginnenden Arthrose
Dosierung: In den ersten 6 Wochen 20 g täglich, danach auf 15 g täglich reduzieren.
Kurdauer: 6 Monate, danach 6 Wochen Pause, anschließend die Kur mit 15 g täglich wiederholen.

3. Bei einer bereits bestehenden Arthrose
Dosierung: In den ersten 6 Wochen 25 g täglich, anschließend auf 15 g täglich reduzieren.
Kurdauer: 6 Monate, nach einer Pause von 4 Wochen sollte die Kur mit 15 g täglich fortgesetzt werden.
Nach weiteren 6 Monaten kann eine Unterbrechung von 6 bis 8 Wochen erfolgen.

Die regelmäßige Einnahme festigt den Erfolg

Voraussetzung für den Erfolg ist die regelmäßige Einnahme. Auch nach eintretender Besserung sollte die Kur fortgesetzt werden, um Rückschläge zu vermeiden.

Im Vergleich mit anderen Stoffwechsel-Prozessen im Körper ist der Stoffwechsel im Gelenkknorpel äußerst »träge«. So benötigt z.B. der Stoffwechselumsatz des Proteoglycans, eine wichtige Knorpelsubstanz, die für die Stoßdämpfer-Eigenschaft des Knorpels zuständig ist, rund 350 bis 400 Tage(!)

Daher sollte die Behandlungsdauer - auch bei einer Vorbeugungs-Kur - nicht unter drei Monaten liegen.

Voraussetzung für den Erfolg ist die regelmäßige Einnahme. Auch nach eintretender Besserung sollte die Kur fortgesetzt werden, um Rückschläge zu vermeiden.

Im Vergleich mit anderen Stoffwechsel-Prozessen im Körper ist der Stoffwechsel im Gelenkknorpel äußerst »träge«. So benötigt z.B. der Stoffwechselumsatz des Proteoglycans, eine wichtige Knorpelsubstanz, die für die Stoßdämpfer-Eigenschaft des Knorpels zuständig ist, rund 350 bis 400 Tage(!)

Daher sollte die Behandlungsdauer - auch bei einer Vorbeugungs-Kur - nicht unter drei Monaten liegen.

Rat der Autoren:
Mit der Einnahme des Knorpel-Nährstoff-Komplexes sollte bereits 14 Tage vor dem Beginn von therapeutischen Maßnahmen oder anderen Anwendungen begonnen werden.

Der letzte Ausweg: Das Kunstgelenk. Aber nur, wenn es nicht anders geht!

Lassen Sie es nicht soweit kommen!

Zwar können heute defekte Gelenke gegen künstliche ausgetauscht werden. So unproblematisch, wie das oft hingestellt wird, ist es aber nicht.

Kein Kunstgelenk ist so haltbar, belastbar oder beweglich wie das natürliche Gelenk. Es bleibt halt immer nur ein Ersatz.

Der künstliche Gelenkersatz

Wenn das Gelenk bereits weitgehend zerstört ist, alle anderen Behandlungen nicht helfen - auch nicht die Kombination der pulsierenden Signaltherapie (PST) mit NCO-Peptiden - muss man die Implantation eines künstlichen Gelenkes erwägen.

Der Einsatz künstlicher Gelenke, so genannter Endoprothesen, hat in den letzten zwei Jahrzehnten stark zugenommen - nicht nur bei älteren Menschen. Mittlerweile gehören diese Operationen zu den häufigsten Eingriffen in orthopädisch-chirurgischen Kliniken.

In erster Linie werden Hüftgelenke ersetzt, zunehmend aber auch Knie- und Fingergelenke. Die künstlichen Gelenke bestehen meist aus Metall-Legierungen - kombiniert mit Anteilen aus Keramik und Kunststoffen.

Hüftgelenk

Das Hüftgelenk erfährt die größte Belastung. Selbst bei normalem Gehen und Stehen wird es mit dem bis zu Zwei- bis Dreifachen des Körpergewichts beansprucht.

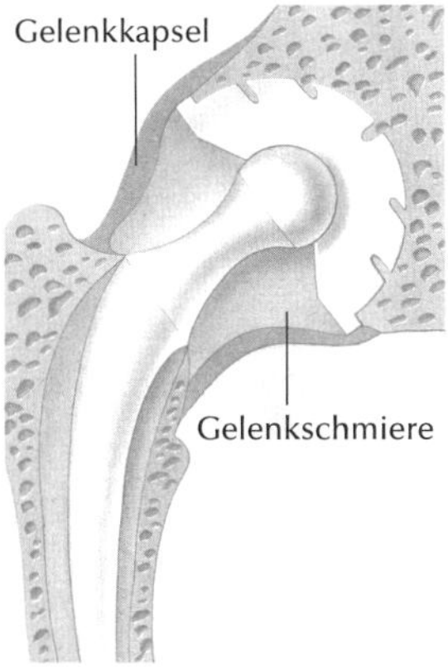

Künstliches Hüftgelenk

Ein künstliches Hüftgelenk besteht aus einem Hüftkopf und einer Hüftpfanne. Zur optimalen Verankerung wird der Hüftkopf in der Regel mit einem Stiel in den Schaft des Oberschenkelknochens eingesetzt.

Schultergelenk

Das Schultergelenk ist das beweglichste Gelenk des menschlichen Körpers. Die knöcherne Gelenkführung ist ebenso schwach ausgebildet, wie die Stabilisation durch Bänder. Deshalb wird das Schultergelenk hauptsächlich durch die Muskulatur geführt und gehalten.

So ist zwar ein großer Bewegungsspielraum gewährleistet, andererseits wirken sich Verletzungen der Muskulatur und der Sehnen dadurch sofort auf die Stabilität des Gelenks aus.

Am Schultergelenk reicht in vielen Fällen die Implantation einer Oberarmkopfprothese. Ähnlich wie im Bereich der Hüfte wird der künstliche Oberarmkopf häufig mit einem Stiel im Schaft des Oberarmknochens verankert.

Kniegelenk

Im Gegensatz zu Hüft- und Schultergelenk haben die Gelenkteile des Knies eine relativ geringe Auflagefläche. Der Ausgleich der unterschiedlichen Konturen des Gelenks wird durch knorpelige Zwischenscheiben erreicht.

Ein künstliches Gelenk ersetzt Teile des Ober- und Unterschenkels sowie die Rückfläche der Kniescheibe.

Manchmal wird nur der innere und äußere Gelenkspalt mit einem Kunstgelenkteil ersetzt. Im Bereich des Schienbeinkopfes sitzt die Prothese auf einem relativ weichen Knochen, was bei zu starker Belastung zum Einsinken und zur Lockerung der Prothese führen kann.

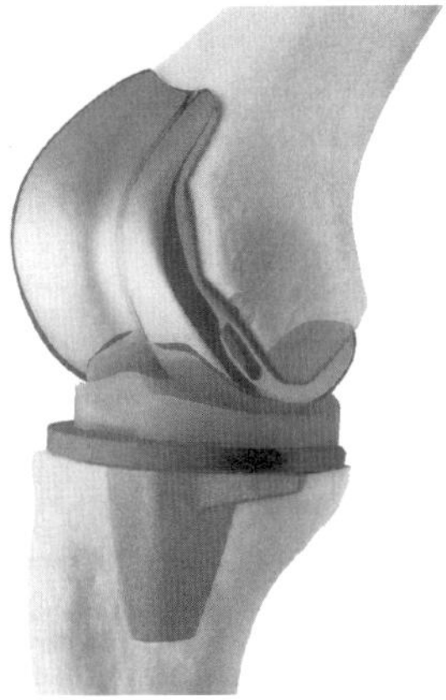

Modell einer Kniegelenk-Prothese

So werden künstliche Gelenke im Knochen verankert

Für die Verankerung des künstlichen Gelenks stehen mehrere Methoden zur Verfügung. Bei der sogenannten »zementierten Methode« wird die Prothese durch ein Bindemittel aus Kunstharz mit dem Knochen verbunden. Die Prothese sitzt sofort fest und kann gleich nach der Operation wieder belastet werden. Allerdings halten diese Prothesen nur etwa 10 bis 15 Jahre.

Deshalb kommen zementierte Prothesen meist bei Personen zum Einsatz, die bereits älter als 60 Jahre sind oder auch, wenn Anzeichen von Osteoporose vorliegen.

Prothesen, die nicht zementiert werden, haben eine rauhe, strukturierte Oberfläche. Dadurch wird der Knochen stimuliert, mit der Prothese zu verwachsen. Das Knochengewebe wächst in die Vertiefungen der Oberfläche, wodurch die Verankerung erreicht wird.

NCO-Peptide fördern das »Einwachsen« des Kunstgelenkes

Zementfreie Prothesen können erst nach etwa drei Monaten belastet werden.
Besonders jüngere Patienten kommen für diese Methode in Frage.

NCO-Peptide beschleuningen die Einheilung orthopädischer Transplantate

Klinische Versuche haben ergeben, dass durch die kurmäßige Einbeziehung von NCO-Peptiden nicht nur der Knochen gefestigt und gestärkt - sondern auch das »Einwachsen« des Kunstgelenkes gefördert wird.

Bei der Mischtechnik werden beide Methoden vereint. Während die zementierte Methode bereits seit 30 Jahren angewendet wird, liegen bei der Mischtechnik noch keine Langzeitstudien vor. Insgesamt aber ist optimale und dauerhafte Fixierung einer Endprothese noch nicht möglich. Wahrscheinlich lässt sich auch eine dem natürlichen Knochen entsprechende Festigkeit nicht künstlich herstellen.
Die Prothese wird für den Knochen immer ein Fremdkörper sein.

Komplikationen

Künstliche Gelenke sollten der letzte Ausweg bleiben!

Jährlich werden etwa 10.000 künstliche Gelenke ausgetauscht, ein Zeichen, dass noch nicht alle Probleme des künstlichen Gelenkersatzes gelöst sind. Auch die Prothese verschleißt zwangsläufig und wird nicht, wie normalerweise der Knochen, von innen wieder aufgebaut.

Ein Hauptproblem sind die Gelenkflächen, die ständig aneinander reiben. Auch bei niedriger Reibung lösen sich kleinste Partikel der verwendeten Werkstoffe ab. Um diese Partikel zu entfernen, setzt der Körper eine eigene »Gewebereinigung« ein. Die »Abräumzellen« können sich jedoch anhäufen und gegen körpereigenes Gewebe richten. Dadurch lockert sich das Kunstgelenk, eine der Hauptursachen für den Austausch der Prothese.

Fazit:
Ein Kunstgelenk ist und bleibt immer nur ein Ersatz. Daher sollte schon beim Auftreten erster Warnzeichen, die auf eine Arthrose hindeuten könnten, gehandelt und nicht auf eine »Selbstbesserung« gewartet werden.

Die Autoren hoffen, dass dieser Ratgeber allen Betroffenen eine wertvolle Hilfe ist und ihnen »neue Chancen für ein Leben ohne Schmerzen« ermöglicht. Gleichzeitig danken die Autoren allen, die an der Enstehung dieses aktuellen Gesundheits-Ratgebers mit gewirkt haben.

Literaturhinweise

Peptide

Adam, M. (1995) Gelatine - möglicher medizinischer Einsatz; Apotheker Journal Heft 9:18-22.

Altman, R. et al. (1986) „Development of criteria for the classification and reporting of osteoarthritis: classification of ostoearthritis of the knee" Arthritis Rheum. 29, 1039-1049.

Chlud, K. (1992) „Die Knorpelschutztherapie als sinnvolle Ergänzung der Arthrosebehandlung" Rheuma - Schmerz & Entzündung 12,7-8.

Craemer, P. et al. (1997) „Osteoarthritis" Lancet 350, 503-508.

Oesser, S. et al. (1999) „Oral administration of 14C labeled gelatin hydrolysate leads to an accumulation of radioactivity in cartilagc of micc (C57/BL); Am. J. Nutr. 129: 1891-95.

Pfaff, G.; Pfaff, W. (1989) „Ernährungsphysiologische Bedeutung und Wirkung von Gelatine - Eine Standortbestimmung" Apotheker Journal Heft 10, Seite 22.

Brodie, J.M. (1984) „Hair growth benefits from dietary cystine-gelatin supplemention" J. Appl. Cosmetol. 2, 15-27.

Morganti, P. et al. (1990) „The effect of gelatin-glycine on skin hydration" J. Appl. Cosmetol. 8, 81-88.

Scala, J. et al. (1976) „Effekt of daily gelatine ingestion on human scalp hair" Nutr. Rep. Int. 13, 579-592.

Scholz, H. (1999) „Nagelerkrankungen und Nageldiagnostik" Podologie 10, 24-28.

Gehring, W. et al. (1992) „Verbesserung der Nagelqualität durch Gelatine" Akt. Dermatol. 18, 364-366.

Adam, M. (1991) „Welche Wirkung haben Gelatinepräparate?" Therapiewoche 41, 2456-2461.

Beuker, F. et al., (1995) „Biochemische und klinische Untersuchungen zur Wirkung regelmäßiger Gelatine-Applikation bei degenerativen Schäden am Stütz- und Bewegungssystem." 34. Deutscher Sportärztekongress 19.-22. Oktober 1995, Saarbrücken.

Beuker, F. et al., (1996) „Die Wirkung regelmäßiger Gelatinegaben auf chronisch-degenerative Schäden am Stütz- und Bewegungsapparat." Int. J. Sportmed. 1, 1-88.

Götz, B. (1982) „Gut genährter Knorpel knirscht nicht mehr" Ärztliche Praxis 34, 3130-3134.

Krug, E., (1979) „Zur unterstützenden Therapie bei Osteo- und Chondropathien" Erfahrungsheilkunde Acta Medica Empirica 28, 1-23.

Maetzel, A. et al., (2002) The challenges of estimating the national costs of osteoarthritis: are we making progress?; Rheumatol. 29(9):1811-3.

Moskowitz, RW., „Role of Collagen Hydrolysate in Bone and Joint Disease" Seminars in Arthritis und Rheumatism. Vol. 30, Oct. 2000, p 87-99.

Oberschelp, U., (1985) „Individuelle Arthrosetherapie Therapiewoche 44, 5094-5097.

Götz, B., (1982) „Gutgenährter Knorpel knirscht nicht mehr" Ärztliche Praxis 34, 3130-3134.

Oesser, S. et al., (2003) Stimulation of type II collagen biosynthesis and secretion in bovine chondrocytes cultured with degraded collagen; Cell Tissue Res 311(3):393-9.

Schmiegelow, P. et al., (1984) „Wirkstoffnachweis von 35S-markiertem L-Cystin im Gelenkknorpel, in der Zwischenwirbelscheibe sowie der Skelettmuskulatur" Therapiewoche 34, 428-432.

Seeligmüller, K. et al., (1993) „Dem Knorpel auf die Sprünge helfen" Therapiewoche 43, 1810-1813.

Seeligmüller, K. et al., (1993) „Kann eine Gelatine/L-Cystin-Mischung, die Kollagen- und Proteoglykansynthese stimulieren?" Therapiewoche 39, 3153-3157.

Timm, A., (1993) „Einfluss der Gelatinefütterung auf das Skelett-, Haar-, Knorpel- und Hufhornwachstum bei Absatzfohlen" Dissertation, Tierärztliche Hochschule Hannover.

Takeda, U. et al., (1982) Acute and subacute toxicity studies on collagen wound dressing (CAS) in mice and rats; J Toxicol Sci 7:Suppl2:53-91.

Weh, L., (2001) Changes in the properties of tissue through the administration of gelatine; extracta orthopaedica 4/2001:12-16.

Pulsierende Signaltherapie

Gierse, H., „Aktueller Stand der Pulsierenden Signal-Therapie zur Behandlung der Arthrose" Deutsche Zeitschrift für Sportmedizin, Seite 212- 214, Jahrgang 2003.

Karaleewa, J.W., Universität Sofia, „Die Anwendung von niederfrequenten pulsierenden elektromagnetischen Feldern in der Therapie von chronischen Erkrankungen".

Kafka, W.A. Prof., München: „Extrem langsam and breitbandig gepulste elektromagnetische Felder niedriger Energie für den therapeutischen Einsatz" Emphyspace Report 2.2.99.

Trock, DH., Bollet, AJ., Markoll R.: "Die Wirkung von pulsierenden elektromagnetischen Feldern bei der Behandlung von Osteoarthritis des Kniegelenks und der Halswirbelsäule." (Bericht über randomisierte plazebokontrollierte Doppelblindstudien) Journal Rheumatol 1994, 21:1903-11.

Schmidt-Rohlfing, B., J. Silny, F.U. Niethard: „Pulsierende elektromagnetische Felder in der Behandlung von Verletzungen und Erkrankungen der Bewegungsorgane" Z. Orthop. 138 (2000) 379-389.

Binder, A., Parr, G., Hazleman, B. et al: „Pulsed electromagnetic field therapy of persistent rotator cuff tendinnitis." Lancett 1984 695-698.

Pezzetti, F. et al., "Effect of Pulse Electromagnetic Field exposure of Human Chondrocytes in Vitro", Universität di Ferrara, Italy, November 1998.

Liu, H. et al., "Pulsed electromagnetic fields influence hyaline cartilage extracellular matrix composition without affecting molecular structute", Osteoarthritis and Cartilage 4, 1996, Seite 63-76.

Yurkiv, L. et al., "The Use of Changeable Magnetic Field in Treatment of Osteoarthritis", European Bioelectromagnetics Association, 3rd International Congress, 29 February 1996, Nancy, France.

Trock, D.H., et al., „A Double-Blind Trial of the Clinical Effects of Pulsed Electromagnetic Fields in Osteoarthritis", Journal of Rheumatology, 1993, Seite 456 - 460.

Omega-3-Fettsäuren

Engel, S., Hüve, J., Singer, P., Omega-3-Fettsäuren bei rheumatoider Arthritis (RA), in: Rheuma - Schmerz und Entzündung 11, Heft 9 (1991).

Galloway, J.H., Greaves, M., Preston, F.E., The effects of dietary omega-3 polyunsaturated fatty acids an erythrocyte membrane in healthy volunteers, in: Arteriosklerosis 55 (1985) 267-281.

Klees, T., Adam, O., Wirkung der Supplementierung mit Fischöl auf die Erythrozyten-Fettsäuren bei Patienten mit chronischer Polyarthritis unter laktovegetarischer Ernährung und unter Normalkost, in: Aktuelle Ernährungs-Medizin 18 (1993)305-310.

Singer, P., Fisch gegen Herzinfarkt. Ein Ratgeber zur Vorbeugung und Behandlung von Herz-Kreislauf-Krankheiten durch essentielle Omega-3-Fettsäuren. Mit großem Rezeptteil, Umschau Buchverlag Breidenstein, Frankfurt 1997.

Singer, P., Was sind, wie wirken Omega-3-Fettsäuren? 44 Fragen - 44 Antworten, Umschau Zeitschriftenverlag Breidenstein, Frankfurt 1994.

Tempel, H. et al., Effects of fish oil supplementation in rheumatoid arthritis, in: Ann. Rheum. 49 (1990) 76-80.

Antioxidantien

Antioxidantien als Schutzschild vor Freien Radikalen. evi, Ernährungs- und Vitamin-Information e.V., Ffm.

Zoch, Erwin, Antioxidantien und ihre Bedeutung in der Medizin. In VitaMin Spur, 4/95, Hippokrates-Verlag, Stuttgart.

Vitamine, Physiologie, Pathophysiologie, Therapie. Hrsg. Biesalski, H.K., Schrezenmeir, J., Weber, P., Weiß, H., Georg Thieme Verlag Stuttgart (1997)

Vitamin-Lexikon für Ärzte, Apotheker und Ernährungswissenschaftler. Bässler, K.H., Grühn, E., Loew, D., Pietrzik, K., Gustav Fischer Verlag Stuttgart (1992).

Bezugsquellenangabe

Alle in diesem Buch erwähnten Nahrungsergänzungsmittel sind auf dem Versandweg erhältlich bei:

NATUR-PABST GMBH
Versandhaus für biologische Naturheilmittel
Asamstraße 1
D-83671 Benediktbeuern
Tel. 0 88 57 - 87 17
Fax 0 88 57 - 69 42 64
Aus dem Ausland:
Tel. 00 49 - 88 57 - 87 17
Fax 00 49 - 88 57 - 69 42 64